ME, MYSELF & HIGH

15 PERSONNALITÉS RACONTENT LEUR RAPPORT AU CANNABIS

CAMILLE DIAO
CHRISTOPHE PAYET

Nique
LES ÉDITIONS

Illustrations & maquette : Simon Sek
Relecture : Ouafae Mameche
Assistantes d'édition : Emma Biabiany & Serena Foucat
Graphisme communication : Cloé Salzinger

Cet ouvrage et l'intégralité des entretiens retranscrits sont issus du podcast Banana Kush, *produit et diffusé par Nique - La radio, réalisé par Charlène Nouyoux.*

Nique - Les éditions, maison d'édition fondée par Christophe Payet, est un label de Sonique - Le studio.

https://nique.radio/

MUSIQUE

CINÉMA

HUMOUR

LITTÉRATURE

POLITIQUE

FOCUS

POURQUOI PARLER DE CANNABIS ?

CE LIVRE N'EST PAS UN MANIFESTE, PAS NON PLUS UN PAMPHLET. IL N'EST NI UNE TRIBUNE NI UN TRACT. NOUS N'AVONS PAS VOCATION À DIRE LE BIEN OU LE MAL. PAS D'APOLOGIE, PAS DE JUGEMENT. CE LIVRE OUVRE SIMPLEMENT UN ESPACE, UNE PAROLE BRUTE ET SANS TABOU. MAIS POURQUOI VOULOIR LIBÉRER LA PAROLE AUJOURD'HUI SUR LE CANNABIS ? POURQUOI TENDRE LE MICRO À DES USAGERS, RÉGULIERS OU OCCASIONNELS, À DES CONSOMMATEURS ACTUELS OU REPENTIS ? QUEL INTÉRÊT Y A-T-IL À QUESTIONNER LES RAPPORTS COMPLEXES QUE LES UNS ET LES AUTRES ENTRETIENNENT AVEC CETTE PLANTE ? ET AU FOND, QU'EST-CE QU'ON EN A À FAIRE QUE TELLE OU TELLE PERSONNALITÉ FUME COMME CECI OU CONSOMME COMME CELA ?

Quand nous avons lancé en octobre 2018 le podcast *Banana Kush* dont est issu ce livre, ce travail nous est apparu indispensable. Parler de cannabis devenait urgent, une mission de service public ! Et plus de trois ans après, le constat reste le même : au-delà d'être un simple produit illicite, le cannabis est un fait social massif et global. Et c'est seulement en ouvrant la parole que nous pourrons chroniquer ses usages, pour les comprendre au-delà des clichés.

Le cannabis est un fait social massif parce que, malgré l'interdiction de son commerce et de sa consommation, la plante prohibée n'a jamais aussi été présente dans notre société. En France, l'Observatoire français des drogues et des toxicomanies (OFDT) recensait en 2020 cinq millions de consommateurs annuels, dont 1,4 million de consommateurs réguliers (au moins dix fois par mois). Comme l'alcool, le cannabis est consommé dans toutes les catégories socioprofessionnelles, toutes les classes sociales, sans exception. La France est ainsi le premier marché européen du cannabis. Le sujet concerne notamment les plus jeunes, puisque plus de 25 % des 18-25 ans déclarent un usage au cours de l'année et 39 % des adolescents ont déjà fumé du cannabis à 17 ans.

Au-delà de nos frontières, partout dans le monde, des processus de légalisation sont à l'œuvre, autorisant sous différentes formes la vente et la consommation de cannabis thérapeutique ou récréatif (Canada, États-Unis, Afrique du Sud, Uruguay, Mexique, Australie, Allemagne, Espagne…). En Amérique et en Europe, le cannabis CBD (ne contenant pas de THC, sa substance psychoactive) s'installe comme une alternative légale et comme un produit de consommation bien-être grand public (vapoteuses, huiles, crèmes, boissons…). La vague n'épargne d'ailleurs pas la France où l'expérimentation du cannabis thérapeutique, validée par l'Assemblée nationale, a démarré au printemps 2021.

Mais le cannabis est aussi un fait social global parce qu'il est traversé par des enjeux qui le dépassent : économie, santé, sécurité, racisme, sexisme, art, langage… C'est aussi un objet culturel, omniprésent dans notre pop culture : au cinéma, dans les séries télé, dans la musique (et bien au-delà du reggae ou du rap !), dans la littérature… Bien sûr, il est connu que son trafic est aujourd'hui central dans l'économie de survie au cœur des quartiers populaires français. Et l'on constate sans difficulté que sa légalisation outre-Atlantique a permis à l'État de générer des millions de dollars de recettes fiscales et des milliards en PIB[1].

1. *Selon les chiffres officiels du gouvernement canadien en mai 2020, l'industrie légale du cannabis aurait contribué à hauteur de 3,96 milliards de dollars canadiens (2,57 milliards d'euros) au PIB du pays. En février 2020, le Canada a déclaré que les recettes fiscales du cannabis ont totalisé 18 millions de dollars canadiens au cours du premier exercice complet de légalisation. Source : Newsweed.fr, 4 mai 2020.*

Mais que sait-on vraiment en matière sanitaire ? Nous sommes encore à la préhistoire de nos connaissances concernant le potentiel thérapeutique du cannabis. Notre savoir concernant les cannabinoïdes – molécules présentes notamment dans le cannabis – est proche du néant. Nous commençons à peine à défricher le terrain du cannabidiol (le fameux CBD), alors qu'une seule plante contient près d'une centaine de cannabinoïdes différents.

Que sait-on de l'effet de la prohibition sur la sécurité publique ? Les études sociologiques tendent à montrer une augmentation de la criminalité et une stigmatisation renforcée des populations issues de l'immigration. La prohibition serait-elle raciste ? La question mérite d'être posée au regard des statistiques disponibles outre-Atlantique.

Que nous dit la surconsommation de cannabis au sein des prisons françaises ? Elle nous parle autant de la population carcérale que des conditions de vie dans nos établissements pénitentiaires. Elle nous raconte l'insupportable, elle révèle au grand jour les concessions faites par une administration obligée d'acheter la paix sociale pour éviter d'avoir à repenser son modèle.

Que sait-on des profils sociologiques des consommateurs et notamment du public féminin ? Vous noterez que dans ce livre, c'est une majorité d'hommes qui sont interrogés. On le regrette fortement. Depuis trois ans, nous devons redoubler d'efforts pour recevoir des femmes qui acceptent de parler publiquement de leur consommation de cannabis. Et parmi tous les invités reçus, seules des femmes ont refusé que ces entretiens soient retranscrits dans ce livre. Pourquoi ont-elles plus de difficultés à assumer leur consommation ? Nous touchons là au cœur du stigmate sexiste : les comportements considérés comme déviants peuvent être valorisés pour les hommes, alors qu'ils sont plus fortement sanctionnés chez les femmes.

Le cannabis est un fait social massif et global, et pourtant nous refusons de le regarder en face. Nous refusons d'observer la réalité pour ce qu'elle est, les usages pour ce qu'ils sont. La prohibition est accompagnée d'un tabou culturel, d'un écran de fumée. Notre politique en la matière a longtemps été guidée par la morale plutôt que par la raison ou la science. Quand on parle de cannabis, bien souvent, les préjugés moraux prennent le pas sur le pragmatisme ou sur l'analyse empirique. Parce qu'on ne parle pas d'une simple plante mais d'un psychotrope millénaire, chargé d'histoire et de stigmates. Pourquoi est-il plus mal vu de fumer du cannabis que de boire de l'alcool ? La France a fait du vin non seulement un fleuron de son industrie à l'export, mais aussi l'une de ses fiertés culturelles. Le lobby de l'alcool écorche toujours un peu plus les garde-fous de la loi Évin, alors que l'éthanol continue de faire des ravages sur les routes ou dans les foyers. Le haschich, quant à lui, nous vient historiquement du Moyen-Orient, il est aujourd'hui importé majoritairement du Maghreb. Depuis les campagnes napoléoniennes en Égypte et les premières interdictions sur le territoire français, le cannabis est associé à notre passé colonial. Il est le symbole d'une histoire et d'une culture métissée que la France refuse d'embrasser.

C'est pour toutes ces raisons que les entretiens rassemblés dans ce livre sont ponctués de focus thématiques, afin d'éclairer la parole des personnalités qui s'expriment. Pourquoi cannabis et musique font-ils si bon ménage ? Sport et cannabis sont-ils vraiment incompatibles ? Quels sont les liens réels entre le trafic de cannabis et le rap français ? Pourquoi de plus en plus d'élus locaux de droite sont-ils désormais convaincus qu'il faut légaliser ? Pourquoi la consommation explose-t-elle chez les seniors ? Comment concilier consommation de cannabis et parentalité ?

Posons toutes ces questions. Parlons-en, librement. Consultons les experts, les médecins, les addictologues, les sociologues. Et écoutons les premiers concernés : les usagers. C'est ce que nous nous efforçons de faire depuis trois saisons avec le podcast *Banana Kush*. Trois saisons à tendre le micro aux femmes et aux hommes, aux ados et aux grands-mères, aux anciens taulards comme aux chefs d'entreprise.

Dans ce livre, vous allez plonger dans l'intimité enfumée de quinze personnalités de tous horizons : comédien·ne·s, musicien·ne·s, écrivain·e·s, humoristes, journalistes et même un responsable politique. Pourquoi interroger des figures publiques ? Pourquoi donner particulièrement la parole à des célébrités, des intellectuels ou des artistes plutôt qu'à des inconnus, des anonymes ? Précisément parce que nous pensons que la portée de leur voix peut créer un électrochoc et impulser une libération de la parole.

Mathieu Kassovitz, Lio, Sébastien Tellier, Liliane Rovère, Frédéric Beigbeder, Laura Felpin, Monsieur Poulpe, Benoît Hamon, Jan Kounen, Manu Payet, Jok'Air, Sébastien Thoen, Boombass, Scotch-Man, Johann Zarca… Routines et mauvaises habitudes, addictions ou convictions, aspirations et inspirations : ils nous disent tout et ensemble, on essaie de prendre du recul et de la hauteur.

ON VA MONTER HIGH, TRÈS HIGH…

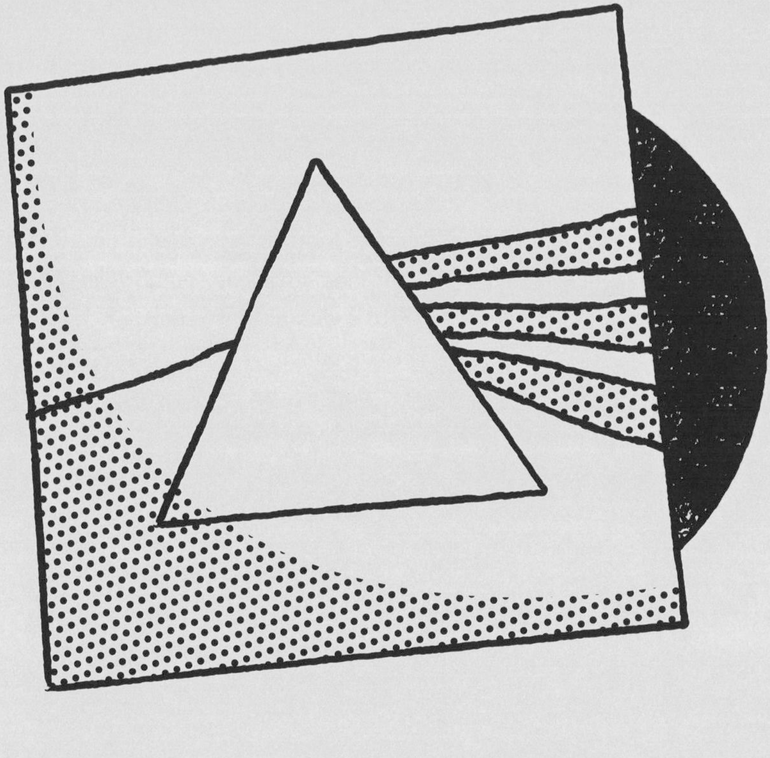

JE SAIS
QUE JE M'ABÎME
EN FUMANT MAIS
J'ADORE ÇA.

SÉBASTIEN
TELLIER

AU DÉBUT DES ANNÉES 2000, SÉBASTIEN TELLIER EST UN JEUNE MUSICIEN SURDOUÉ QUI TAPE VITE DANS L'OREILLE DES GRANDS DE LA FRENCH TOUCH – AIR ET DAFT PUNK LE PRENNENT SOUS LEUR AILE. QUELQUES ANNÉES PLUS TARD, IL COMPOSE *LA RITOURNELLE*, UN MORCEAU INSTANTANÉMENT CULTE, ASSOCIANT AU PIANO LA BATTERIE DU LÉGENDAIRE TONY ALLEN. EN 2008, L'EUROPE ENTIÈRE DÉCOUVRE LE DRÔLE DE PERSONNAGE SUR LA SCÈNE DE L'EUROVISION OÙ IL DÉFEND LA FRANCE AVEC *DIVINE* (ET FINIRA 18e…). ON LE CONNAÎTRA ENSUITE, AU FIL DES ALBUMS, EN POÈTE SENSUEL, EN GOUROU BLEU, EN ENFANT BRÉSILIEN OU EN HOMME AU FOYER. TOUJOURS UN PIED DANS LA GRANDE CHANSON POPULAIRE, L'AUTRE DANS DES DÉLIRES EXPÉRIMENTAUX. IL NOUS A REÇUS DANS LES LOCAUX DE SON LABEL RECORD MAKERS, DANS LE XVIIIe ARRONDISSEMENT DE PARIS, ET A DÉBARQUÉ DANS SON UNIFORME HABITUEL : CASQUETTE À STRASS, GROSSES LUNETTES RECTANGULAIRES, BARBE FOURNIE MAIS PARFAITEMENT TAILLÉE. IL S'EST POSÉ DANS LE CANAPÉ ET A ALLUMÉ UNE GROSSE, UNE TRÈS GROSSE BANANE.

Bonjour Sébastien Tellier.

Bonjour.

Commençons par notre traditionnelle question : quel fumeur de pétard êtes-vous Sébastien Tellier ?

Je suis un fumeur sur canapé, je dirais… Un fumeur d'intérieur, un fumeur cocon. Je me sens mieux en intérieur, protégé, tout bien, tout doux, loin du danger. Je ne suis pas du tout un fumeur aventurier.

Ce serait quoi être un fumeur aventurier ?

Ce serait de fumer des joints en se baladant dans la rue, ou avant de piloter un avion… Ça, ce serait aventurier !

[rires]

Mais moi, je fume, je fais de la guitare ; je fume, je fais du piano ; je fume, je fais de la Playstation ; je fume et parfois je vais au supermarché. C'est peut-être le plus fou que je puisse faire sous joint !

[rires]

Pour quelles raisons fumez-vous, Sébastien Tellier ?

J'aime beaucoup fumer en faisant de la musique parce que fumer un joint, ça permet de rester bien focus sur ce qu'on fait. Quand on fait de la musique, on est amené à réécouter souvent le même petit bout. On travaille l'intro du morceau et on écoute le même passage mille fois, peut-être même plus. Ça permet de ne pas se sentir écrasé par les répétitions infernales. Ça passe tout seul, c'est vraiment chouette.

C'est un outil de travail presque…

Oui, pour moi, c'est un outil de travail. D'ailleurs, c'est bizarre mais quand je fumais avant d'être musicien professionnel, l'effet du joint était moindre. Quand j'en fume et que je fais de la musique, ou un autre truc vraiment important pour moi, c'est là que le joint prend toute sa splendeur.

C'est une source d'inspiration créative ?

Le joint en lui-même n'est pas une source d'inspiration. La vraie source d'inspiration, c'est la vie, le cosmos, la rue, le jardin… Mais la musique nécessite un tel acharnement… Ça permet de s'acharner plus longtemps. Si tu es sous joint, tu rentres dans une sorte d'état de transe qui fait que tu ne te rends même pas compte que ça fait dix heures que tu retravailles les deux mêmes notes. C'est comme du dopage.

C'est une forme de perfectionnisme…

Oui voilà, ça permet d'être perfectionniste mais sans en souffrir. Ce n'est pas pénible. Parce que la musique, ça peut être vite pénible par bien des aspects. Cela peut finir par te dégoûter. Alors qu'avec le joint, j'arrive à rester dans le bon *flow*.

À quel âge avez-vous commencé à consommer du cannabis ?

À l'adolescence, je devais avoir 14 ans. J'habitais dans une banlieue un peu difficile du Val-d'Oise. Du shit, il y en avait partout, n'importe qui pouvait en trouver. Il y avait une maison abandonnée pas loin de chez moi, on s'y rejoignait avec ma bande de copains de l'époque et on y fumait des joints.

Est-ce que vous vous souvenez du tout premier ?

Oui, c'était dans cette maison abandonnée justement. Un mec que je connaissais en avait, il était le seul à savoir rouler. On faisait tourner le joint, il y en avait peut-être deux pour dix ou douze personnes. Je n'ai pas compris ce que ça faisait, pour moi c'était juste une grosse clope ! Il a fallu que je m'acharne pour vraiment en ressentir l'effet. Bizarrement, il a fallu un peu l'apprivoiser.

Il y a toujours une forme d'apprentissage de la fumette…

Certainement, mais ça se fait un peu n'importe comment… Disons qu'il n'y a pas de cursus !

[rires]

Je me souviens, quand j'étais un tout petit peu plus âgé et que les joints me faisaient enfin de l'effet, on s'entassait à cinq dans la 205 d'un pote et on allait se garer à côté d'un parc à jeux, avec des toboggans. On fumait des joints dans la bagnole et on écoutait King Crimson, Pink Floyd, Robert Wyatt… C'était des grands moments de musique pour moi, on écoutait ça religieusement. C'était épique… On y croyait, c'était notre vie, c'était notre blase. Fumer un joint et écouter de la musique psyché, ou planante, c'est fou comme ça marche bien.

D'ailleurs, votre musique se rapproche d'une forme de psychédélisme à la française. La musique "sous influence", l'héritage psyché, ça vous parle ?

Oui, pour plein de raisons ! Notamment pour le style des mecs qui faisaient cette musique : des cheveux longs, des barbes, des chapeaux, des futes craqués, des gilets en cuir…

Vous êtes en train de vous décrire tel que vous êtes habillé aujourd'hui !

Euh… oui !

[rires]

C'est ça qui m'a plu. Je fais naturellement partie de cette famille, parce que j'étais plongé là-dedans. Mon père écoutait Pink Floyd, les parents de mes potes aussi.

Depuis ces premiers joints dans la 205, le pétard ne vous a jamais quitté ou vous avez eu des périodes dans votre vie ?

J'ai arrêté pendant deux ans à la naissance de mon fils. Je me suis dit « attention, je suis papa, il ne faut quand même pas que je fume, c'est fini tout ça ! ». Mais le fait de fumer moins de joints me faisait fumer plus de clopes. Et puis, ça m'a manqué, tout simplement ! Au bout de deux ans, un soir où je regardais les infos à la télé – je crois que c'était Pujadas, je me suis dit « allez, je refume ! ». J'avais un vieux paquet d'herbe que je n'avais pas touché depuis deux ans. Je l'ai sorti, je me suis fait un joint en regardant Pujadas et c'est comme ça que j'ai repris…

Est-ce qu'elle n'était pas nécessaire cette pause ?

Si, c'est super de faire des pauses ! Toute la vie, de toute façon, est une question de balance, d'équilibre. Être excessif dans le joint, c'est naze, comme dans l'alcool, comme conduire trop vite, comme l'excès dans toute chose. Tout ce qui est excessif finit par être naze. Juste avant cette pause, je fumais énormément, alors qu'après, j'ai repris quotidiennement mais beaucoup plus modérément. Les joints m'ont refait un effet bien plus fort et j'en fume moins, donc j'ai été gagnant.

À la naissance de votre premier enfant en 2013, vous vous dites que vous avez une consommation excessive et problématique ?

Oui, complètement. Fumer, ce n'est pas rien, ce n'est pas juste un truc de hippie sympa. Au quotidien, ça attaque le cerveau, ça attaque la motivation, ça perturbe le bon sens. Mais après, on n'est pas obligé d'être parfait ni parfaitement sain. Juste, quand on consomme, il faut savoir qu'on va vers ce genre de danger. Je sais que je m'abîme en fumant, mais en même temps, j'adore ça !

<u>À cette époque, ça vous déprimait de trop fumer ?</u>

Oui, j'ai souvent été déprimé à cause de la fume. Quand on fume trop, ça provoque comme un trou noir. Au lieu que les émotions voltigent dans le cerveau, elles disparaissent dans un endroit sombre. La vie devient un petit peu plate, il n'y a plus de relief. Ce n'est pas vraiment triste, pas vraiment joyeux, toujours dans cet espèce d'entre-deux de légère méfiance de la sensation et du sentiment. C'est hyper négatif, mais là encore ça s'apprivoise quand tu connais l'effet que ça a sur toi. Tu sais reconnaître quand tu fais de la paranoïa. Quand tu es déprimé alors qu'objectivement tout va bien, tu te dis « non, en fait, j'ai fumé trop de joints ». Tu apprends à naviguer dans cet océan de bonheur et de tristesse.

<u>C'est à cette époque que vous avez fait une cure de désintox ? C'était uniquement pour vous sevrer du cannabis ?</u>

Non, c'était pour un peu tout, je buvais énormément de whisky… Adolescent, j'étais fan des Beatles, des Pink Floyds, etc. Je lisais dans les interviews qu'ils prenaient des acides, qu'ils étaient drogués. Je voyais Syd Barret, Bowie, George Michael, tous les mecs comme ça, les rockstars qui se défonçaient à fond et pour moi, c'étaient des exemples. Bêtement, j'ai imité mes idoles. Je me suis drogué parce que ça faisait cool. Et puis après, j'ai continué assez fort. J'ai dû commencer par dégager les pires trucs : les acides, les ecstasys – beurk, je n'ai jamais aimé ça –, la coke – beurk !

Mais à cette période-là, en 2013, je tournais surtout au joint et au whisky. C'est sûr que c'est un joli mariage ! Un joint et un whisky, tu ne passes pas la même journée ! Mais c'était *too much*… C'était ce duo qu'il fallait casser. Et j'ai adoré aller en cure. J'ai fait de la sophrologie, j'allais dans la forêt, je caressais des feuilles…

[rires]

La bouffe était géniale, il y avait un room service, c'était vraiment méga luxe. J'avais une piaule énorme, c'était l'ancienne maison de Saint-Exupéry, là où il avait écrit *Le Petit Prince*. Il y avait une vibe et des mecs qui avaient plus de problèmes que moi. Je me disais « finalement, il y a pire que moi », ça permet de relativiser. On était bichonnés, c'était génial. J'en profite pour lancer un appel au gouvernement et pour dire que dans la vie d'adulte, on n'est pas assez câlinés ! Moi ça me manque les câlins, ça me manque les caresses, qu'on s'occupe de moi, qu'on me mette une petite couverture dessus, qu'on me prépare une soupe chaude. La cure, c'était un peu ça !

Finalement, après deux ans de pause, vous avez fini par reprendre le joint. Comment avez-vous régulé par la suite votre consommation ? Comment avez-vous réussi à être en paix dans votre relation avec le pétard ?

Déjà en ne mettant pas trop d'herbe dans un pétard. Il s'agit vraiment de réduire les doses et d'espacer les moments où tu fumes. Et dès que tu sens que c'est *too much*, tu te freines. Par exemple, si je sais que j'ai un truc important à faire, je ne vais pas fumer trois joints juste avant.

Un truc important, ça peut être un concert ?

Je me suis promis de ne plus jamais boire avant de chanter sur scène ou de faire une prestation publique, je ne peux pas en plus retirer le joint !

[rires]

Ce serait trop, je n'arrive pas à prendre les choses à sec, il me faut un filtre. J'ai une théorie que j'appelle la "théorie de la crêperie" : tu te ballades dans une rue un peu médiévale, genre Strasbourg. Je n'ai jamais été à Strasbourg mais c'est comme ça que je l'imagine. Il y a une crêperie et tu entraperçois l'intérieur à travers une fenêtre un peu jaune, avec des pavés anciens un peu marrons, etc. Tu te dis « waouh ça a l'air tellement bien à l'intérieur ! ». C'est le mystère qui fait que ça a l'air si bien. Et quand tu rentres dans la crêperie, eh ben… c'est une crêperie ! Vous voyez, quand il y a un filtre, une espèce de voile, les choses sont encore plus belles. Le joint me fait ça, il me crée un voile. Et tout est plus beau avec ce voile.

Mais le voile ne s'épuise pas avec le temps ?

Pour moi non !

[rires]

Je ne vais pas encourager les gens à fumer, mais bien sûr qu'il y a des bons côtés. Et puis ce qui est agréable quand on est grand, c'est d'avoir des plaisirs de grand. Bien sûr, boire un alcool très fort, ce n'est pas très conseillé, par contre, quand tu bois un bon cognac, c'est quand même chouette. Le joint, c'est ça : c'est un plaisir de grand.

<u>Tout à l'heure vous parliez de votre fascination d'adolescent pour tous ces musiciens destroy qui prenaient plein de drogues… Aujourd'hui il doit y en avoir, des ados qui vous regardent en se disant : « Waouh Sébastien Tellier est trop cool, je veux tout faire comme lui ! »… S'ils nous lisent, qu'est-ce que vous leur dites ?</u>

Je leur déconseille fortement de se lancer dans la drogue ! C'est une erreur totale. Ça ne sert à rien de prendre ce chemin-là. Il vaut mieux faire du sport, essayer de construire une fusée, je ne sais pas…

<u>Caresser des arbres ?</u>

Voilà !

[rires]

Mais pourquoi la drogue ? Après, quand on est pris dans ce délire, c'est vraiment dur de s'en sortir et ça provoque vraiment beaucoup de malheur. Après une nuit de drogue, le lendemain tu n'en mènes pas large ! Tu es faible, fragile, tu te sens mal, tu culpabilises, c'est l'enfer, et tu commences à te faire des trous dans le cerveau. En fait, cette "coolitude" de prendre des drogues, c'est vraiment une façade. Le show-biz, c'est comme un film : tout est faux ! Et derrière, les vérités sont souvent pénibles, en tout cas pour ceux qui se sont lancés sur le chemin de la drogue.

Donc le pétard, ça fait aussi partie du personnage Sébastien Tellier, de cette histoire-là qui nous est racontée ?

J'ai créé mon personnage autour de ce que j'étais, et le joint faisait partie du tableau. Mais je ne tenais pas spécialement à le mettre en avant… Je crois d'ailleurs qu'il n'y a qu'un seul clip où on me voit fumer des joints : dans *Aller vers le soleil*, sur l'album *L'Aventura*…

Justement, on s'était demandés si "aller vers le soleil", ça voulait dire fumer, planer ?

Il y a un indice au début de ce clip : on voit un crabe qui se promène sur une plage avec un joint dans la pince ! Quand on fume, on a parfois l'impression de s'envoler… Donc, oui, d'une certaine façon, c'est aller vers le soleil.

Cet album *L'Aventura*, vous êtes allé l'enregistrer au Brésil. Elle est comment la weed là-bas ?

Elle est *strong* ! C'est des malades ! De toute façon, dans toute l'Amérique, la beuh est *strong*. Et puis au Brésil, ce qui est sympa, c'est que quand tu fumes, tu es dans l'ambiance. C'est comme si tu étais dans un grand joint quand tu es à Rio. C'est une ville-joint géante ! Et puis tous les quatre mètres, tu peux t'acheter un jus de fruits frais. Et moi j'adore les joints et un bon jus de fruits…

Petit jus de maracuja, fruit de la passion…

C'est merveilleux, ça marche très bien !

D'ailleurs, on s'est refait toute votre discographie à la recherche d'indices, d'évocations. Et on n'a pas trouvé grand-chose d'explicite… À part quelques lignes de la chanson *My God Is Blue* : « Kimberly, you're high. How many blows would you send? I smoke a rolled hurricane ». Qu'est-ce que ça veut dire ?

Ce sont des joints énormes, tellement gros que ça fait comme un cyclone… Comme le cyclone dans le film *Twister*[1], vous l'avez vu ? Vous êtes trop jeunes peut-être…

Effectivement, on ne l'a pas vu…

[rires]

C'était au moment du *revival* des films catastrophe… C'était pas génial mais c'est vrai que ça m'a influencé pour cette chanson !

My God Is Blue est un album extrêmement spirituel qui raconte la création d'une secte avec son gourou bleu. Est-ce que vous êtes quelqu'un de spirituel et est-ce que le joint a une place dans cette spiritualité ?

Je ne suis pas spécialement spirituel mais je crois aux lois du cosmos. Le cosmos nous entoure et il faut respecter ses lois, sinon c'est le chaos. Il y a tout un jeu d'attraction, de répulsion… À l'image de ce que doit être la vie : grandir, acquérir de la maturité, savoir vers qui tu vas, ce que tu fuis… Après, c'est sûr que ce genre de théories, bizarrement, on les entend surtout dans la bouche des fumeurs de joint…

1. *Film catastrophe américain de Jan de Bont sorti en 1996.*

C’est vrai qu’on est souvent frappé par des révélations qui viennent du cosmos quand on est très défoncés !

[rires]

Oui voilà ! Mais je pense aussi qu’il y a des scientifiques très sérieux qui ont le même type de conclusions.

Puisque la musique et le cannabis ont un lien si fort pour vous, et puisque vous avez l’habitude de faire des albums-concepts, sur le sexe, la politique, les tâches domestiques… Un album sur la weed, ça pourrait arriver ?

Ça pourrait être pas mal du tout ! C’est un vrai sujet, il suffit d’écouter le rap d’aujourd’hui : c’est sympa de parler de drogue. *Au DD* de PNL, ça le fait quoi !

[rires]

Il y a un côté glamour, il y a un côté *too much* qui est nécessaire au lustre de la musique. Un rythme qui tue et un mec qui déblatère des trucs sur la drogue, ça marche bien, c’est efficace !

[rires]

Donc oui, c’est un sujet que je pourrais aborder pleinement un jour.

D’ailleurs, Serge Gainsbourg l’a fait puisqu’il a fait la BO du film *Cannabis*…

Après, le problème avec Gainsbourg, c’est la technique de la terre brûlée. C’est-à-dire qu’il a tellement tout fait et bien fait, qu’il a tout tué… C'est l'Everest qu'il faut escalader après ce mec !

[rires]

Je reviens à votre famille, à vos enfants que vous évoquiez tout à l'heure… Est-ce que vous consommez devant vos enfants, est-ce que vous leur cachez, est-ce que vous leur en parlez ?

Oh non, ils ne savent pas du tout ce que c'est, ils sont encore petits ! Je ne roule jamais devant eux, je ne fume jamais devant eux. Je les tiens éloignés de tout ça. Bien sûr un jour ils devineront, ce ne sera pas tabou mais là ils sont trop jeunes pour que je les embarque dans ce truc de taré.

Vous leur expliquerez le moment venu ? Les effets, ce qui est bien, ce qui est mal…

J'ai l'impression que le mieux avec les enfants, c'est la transparence, la vérité. Après c'est une question de planning… Je pense que ça se fera aux alentours de 13-14 ans.

Et ce serait envisageable pour vous, quand ils seront plus grands, un jour peut-être de partager un joint avec eux ?

Bien sûr, complètement ! Un petit dimanche midi en famille !

[rires]

Mais je ne veux pas les embarquer là-dedans. C'est pas terriblement familial, la drogue. Alcool et famille, en France ça va, mais drogues et famille, je suis moins dedans !

BECAUSE I GOT HIGH : POURQUOI CANNABIS ET MUSIQUE FONT-ILS SI BON MÉNAGE ?

PERCHÉS MAIS CONCENTRÉS ! FOCUS SUR LA MOINDRE VIBRATION, SUR LA COULEUR DES NOTES, SUR LE MURMURE DES MACHINES… ON RETROUVE CE MÊME RÉCIT CHEZ TOUS NOS INVITÉS MÉLOMANES : SÉBASTIEN TELLIER, JOK'AIR, LILIANE ROVÈRE, BOOMBASS… MAIS QUE SE PASSE-T-IL CONCRÈTEMENT DANS NOTRE CERVEAU POUR QUE L'ÉCOUTE ET LA FUMETTE FORMENT UN COCKTAIL SI EXPLOSIF ? COMME EN FRANCE LE SUJET RESTE TABOU, IL A TRÈS PEU ÉTÉ EXPLORÉ PAR LES SCIENTIFIQUES. C'EST DONC VERS LE QUÉBEC QUE NOUS NOUS SOMMES NATURELLEMENT TOURNÉS. CELLE QUI NOUS A RÉPONDU S'APPELLE ELISE COURNOYER-LEMAIRE, ELLE EST DOCTORANTE EN SCIENCES DE LA SANTÉ À L'UNIVERSITÉ DE SHERBROOKE, CANADA.

« La musique agit fortement sur les circuits du plaisir et de la récompense en stimulant les zones du cerveau qui produisent la dopamine, la sérotonine et les endorphines[1]. Elle active aussi le lobe temporal, qui est impliqué dans la perception auditive. De son côté, le cannabis agit sur ces mêmes circuits, et notamment sur le lobe temporal, en venant modifier les perceptions. Ces deux effets similaires combinés créent des interactions particulières qui vont amplifier l'expérience sensorielle. Donc le consommateur de cannabis aura une perception augmentée des sonorités, du rythme, des subtilités de la musique. C'est pour ça que chez certains musiciens, le cannabis peut être utilisé comme un outil pour favoriser la

1. Hormones sécrétées par le cerveau, surnommées "hormones du bonheur".

créativité. Le cannabis peut aussi réduire le stress lorsqu'il s'agit de composer de la musique ou de la performer en public.

Il faut aussi noter que certains genres musicaux comme le reggae, le rock psyché, le rap, sont culturellement associés à la consommation de cannabis. Ce sont des communautés musicales avec des liens d'appartenance dans lesquelles, pour être accepté, il peut exister des pressions à consommer. Mais si on consomme du cannabis sur une musique que l'on trouve désagréable, ou qui rappelle de mauvais souvenirs, il y a aussi un risque que cela provoque une expérience négative. »[2]

2. Podcast Banana Kush *#26, 19 mai 2021.*

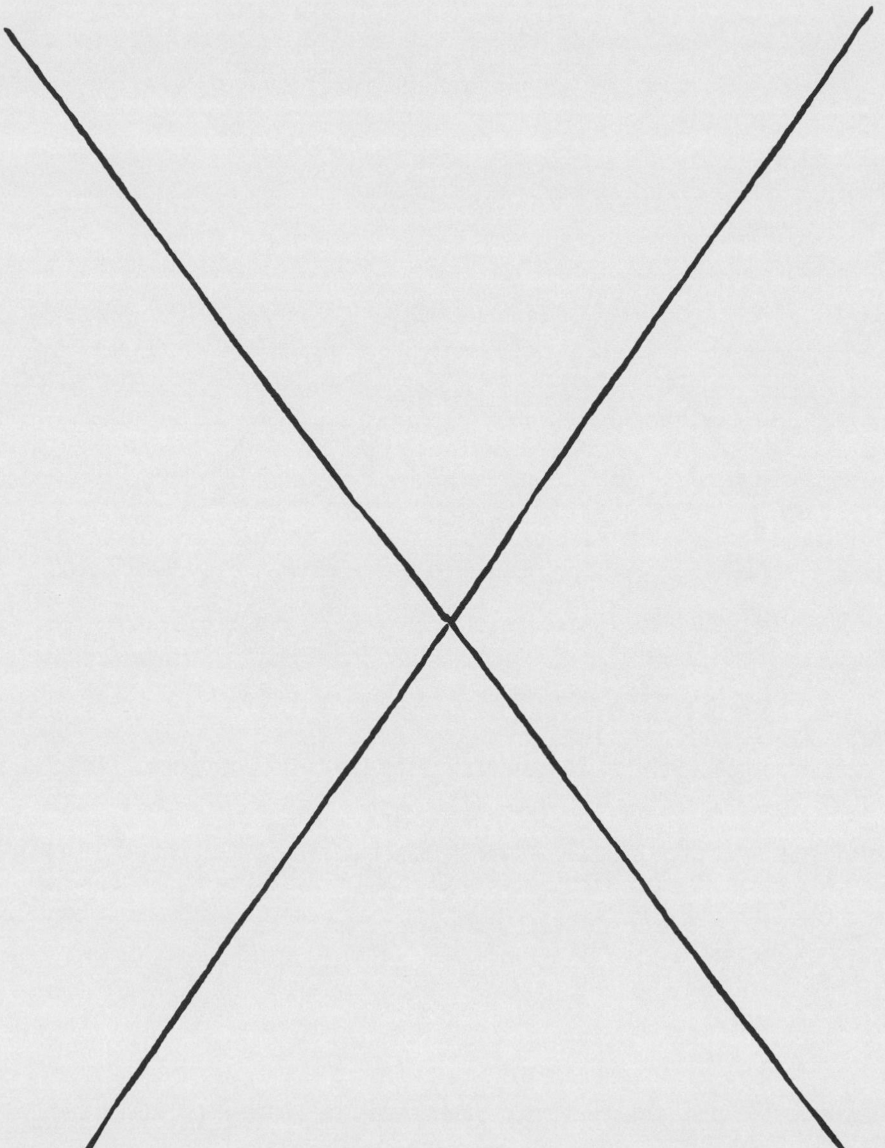

LES SPACE CAKES, C'EST CE QU'IL Y A DE MIEUX POUR RIGOLER.

LIO

VANDA MARIA RIBEIRO FURTADO TAVARES DE VASCONCELOS, PLUS CONNUE SOUS LE NOM DE LIO, A TOUJOURS ÉTÉ UNE FEMME LIBRE. CHANTEUSE, ELLE CONNAÎT LE SUCCÈS AVEC SON SULFUREUX *BANANA SPLIT*, AVANT DE DEVENIR UNE ICÔNE POP DES ANNÉES 1980. CINÉMA, TÉLÉVISION, THÉÂTRE, MODE : LIO TOUCHE À TOUT, SANS AUCUN COMPLEXE. ELLE RESTE AUJOURD'HUI ENCORE UNE FIGURE POPULAIRE ET FÉMINISTE QUI A TOUJOURS ASSUMÉ SES PRISES DE POSITION ET SES ENGAGEMENTS, EN CHANTANT SEINS NUS POUR LES DIX ANS DES FEMEN OU EN DÉNONÇANT LES VIOLENCES FAITES AUX FEMMES DANS SON AUTOBIOGRAPHIE *POP MODEL*. LA CHANTEUSE NOUS A REÇUS AVEC SA FRAÎCHEUR ET SA LIBERTÉ DE TON HABITUELLE, DANS SA LOGE, À QUELQUES HEURES DU TOURNAGE D'UNE ÉMISSION DE TÉLÉ. ON A DISCUTÉ SPACE CAKES, MATERNITÉ ET PORTE-JARRETELLES ; BALANCÉ SUR COLUCHE ET ALAIN CHAMFORT ; ET SURTOUT, ON S'EST BIEN MARRÉS.

<u>Bonjour Lio.</u>

Bonjour, bonjour !

<u>Quelle fumeuse êtes-vous, Lio ?</u>

Une fumeuse quotidienne. Je ne fume pas de cigarette mais de l'herbe. Que de l'herbe – le haschich, c'est trop violent pour mon foie. Pas forcément avec du THC, parfois du CBD, parce que j'adore l'odeur. Et j'adore ce à quoi je l'associe : c'est le moment où je reviens à moi, où j'en ai terminé avec toutes les luttes sociales incessantes, qui sont rudes. Ceci dit, il y a des moments où je ne fume pas, parce que mes amis qui font pousser n'ont plus d'herbe, et je n'aime pas beaucoup en acheter à droite ou à gauche. Malheureusement aujourd'hui, même l'herbe que l'on trouve sur le marché est coupée, laquée ou verrée. C'est moche quand l'argent prend le dessus sur tout. Donc je peux tout à fait arrêter de fumer. J'y pense un peu les premiers jours mais après ça passe très vite.

Dans quels moments appréciez-vous de consommer du cannabis ? Avez-vous des habitudes, des rituels ?

Moi je suis vraiment *a nice cup of tea*, je suis très vieille dame anglaise dans ma consommation d'herbe ! Je fume le soir, devant la télé ou en lisant un livre. Je ne sais pas exactement combien j'en consomme… Quand j'en achète, je dois dépenser 80 euros par mois. C'est quand même une somme. Mais il y a des gens qui mettent dans un pétard ce que je mets dix jours à consommer. Je déconne pas.

Et quand est-ce que vous avez commencé ?

Pas très tôt. J'ai commencé à 24 ans et au début j'étais comme tout le monde, je disais « ça ne me fait rien ». Sauf qu'on ne se voit pas quand on dit ça ! Un jour, ma mère a fumé un petit pétard. Elle aussi pensait que ce truc ne faisait rien. Elle a été tout à fait désarçonnée. Il y avait moi et ma soeur, on était hilares de la voir comme ça : totalement décontractée, souriante. Et je ne suis devenue une fumeuse réelle qu'au début des années 1990, alors que j'avais 30 ans.

Comment s'est passée la bascule d'une consommation occasionnelle, récréative, à une consommation plus individuelle et régulière ?

Je n'ai jamais pris d'antidépresseurs ni d'anxiolytiques, alors que je suis très anxieuse. Dans ma vie, il m'est arrivé des choses vraiment très violentes. Je pense que c'est l'herbe qui m'a permis de dépasser tout ça. En fait, je me sens bien avec l'herbe. Je pense que j'ai un tempérament qui va bien avec le fait de fumer de l'herbe. Ça m'aide énormément à gérer mon stress quotidien. Je ne comprends même pas pourquoi on veut m'empêcher d'en fumer, d'en boire ou d'en manger. Ça ne rend ni agressif ni violent. Je n'ai jamais vu de fights devant un coffee shop ! Ça arrive plutôt dans les cafés où on consomme beaucoup d'alcool. Je vois par exemple les ravages du chouchen en Bretagne. J'ai énormément d'amis bretons qui font la fête : on se tape sur la gueule, puis on a oublié pourquoi on s'est tapé sur la gueule, et on recommence à boire ! Le chouchen monte à la tête, on se refout sur la gueule, puis à un moment, on est bien amoché, on se dit « mais, pourquoi on se tape ? ». On ne sait toujours pas et on reboit du chouchen !

Donc vous n'avez pas de démons, pas de relation parfois compliquée à l'herbe ? C'est quelque chose de purement positif dans votre vie ?

Pour moi, c'est quelque chose de complètement positif mais parce que je n'ai pas commencé à fumer trop tôt. En revanche, j'ai des enfants qui ont commencé tôt et qui ont eu des impacts clairement négatifs. Avant que le cerveau ne soit complètement formé, on ouvre la porte à des crises d'angoisse, à une très grande apathie… Le problème, c'est de commencer trop tôt. Je suis pour l'information, pour parler ouvertement de ces choses-là. Je crois que c'est ça notre rôle d'adulte. De toute façon, les jeunes feront toujours des conneries. Il n'y a pas d'avancée dans le bien-être de l'humanité sans qu'il y ait des ratés. Nous n'avons pas la science infuse, nous ne sommes pas des êtres parfaits. Très souvent, quand j'entends parler d'humanité, les gens parlent en fait d'angélisme. Nous ne sommes pas des anges. L'humanité, c'est l'imperfection, des tâtonnements, des expériences, des recherches. C'est pour ça que je pense que l'herbe devrait être totalement dépénalisée et complètement libre à l'achat pour les gens de plus de 21 ans.

Vous aviez un petit peu plus quand vous avez commencé : 24 ans… Vous vous souvenez de votre tout premier pétard ?

Je m'en souviens très bien ! Et d'ailleurs ce n'était pas un pétard, c'était une petite boulette de shit plantée dans une aiguille, sous un verre. C'était avec un Californien qui travaillait avec Alain Chamfort – désolé je te balance Alain ! Il s'appelait Ryan. Alain avait travaillé avec ce Ryan à Los Angeles parce que Véronique Sanson y habitait. Ryan est venu faire l'ingé son sur *Amour toujours*, mon deuxième album. Et un jour, il reçoit une enveloppe, il était aux anges. Dans cette enveloppe, il y avait un petit truc tout plat avec deux bouts de shit. Je ne comprenais pas, j'avais l'impression que tout le monde faisait la danse du feu. Tout le monde avait l'air très heureux, moi je n'avais jamais fumé de ma vie. Et franchement, j'ai pas du tout aimé, ça m'a fait beaucoup tousser. Plus tard, j'ai passé des vacances… allez je rebalance… des vacances où il y avait un tas de gens : il y avait Nicolas Peyrac, il y avait la cuisinière de Coluche, très connue pour ses space cakes ! Elle faisait des gâteaux… oooh… magnifiques, au chocolat et au haschich ! Les space cakes les plus dingues ! Elle travaillait en patins à roulettes, avec des lunettes, des cheveux courts, des rollers blancs et elle cuisinait d'enfer. Tout le monde la connaissait dans le métier. Elle était toujours à Montsouris[1] avec Coluche. Dans ses fêtes, il y avait toujours une table avec de l'herbe, du très bon pollen. Et quand y en avait plus, il appelait ses potes : c'étaient des flics qui lui en ramenaient ! C'est avec ces space cakes que j'ai eu les plus belles crises de rire de ma vie. Là, je me suis dit « franchement, ça c'est pour moi ». Et c'est comme ça que je me suis mise à vraiment fumer. Par les crises de rire exceptionnelles. Quelle drôlerie ! Quelle joie ! Quels moments de pur bonheur !

1. *Quartier du sud de Paris, dans le XIVe arrondissement.*

Mais vous savez, on est là à parler de ça, les gens vont penser qu'on est dingues… Mais qu'est-ce que c'est que d'ouvrir une bouteille de pif et d'être un peu pompette ? C'est exactement la même chose, les gars ! Et ça ne fait ni plus ni moins de dégâts ! On peut tous dire « on est français, on est très contents d'être un peu pompettes, on a bu un bon alcool ». Eh bien moi, j'ai fumé une super sativa ! Et je ne vois pas quel est le problème. Je vous parle de très bonnes soirées, très gourmandes, tout à fait délicates et raffinées, passées avec des amis, où on riait comme des fous. C'était magnifique.

Et des space cakes, vous en remangez de temps en temps ?

C'est ce qu'il y a de mieux pour rigoler !

[rires]

Il faut faire très attention parce que quand ça monte, ça monte d'un coup. Les novices en mangent souvent trop et donc après ils sont totalement perturbés ! Il faut vraiment faire attention, mais pour moi, c'est la consommation la plus ludique.

Les crises de fou rire, vous les avez toujours après des années de consommation ou ça s'estompe petit à petit ?

Non, je les ai toujours. Ça doit venir aussi de mon caractère, j'aime vraiment beaucoup rigoler. J'aime beaucoup rire parce que je suis tellement angoissée tout le temps, à faire des crises de panique. Le rire est salvateur pour moi. Je le cherche partout, tout le temps. Dès que je peux, je ris.

Vous avez testé d'autres modes de consommation ?

J'ai aussi essayé le vaporisateur. C'est mon fils qui me l'a offert pour Noël car il s'en fout que je fume de l'herbe, mais il ne veut pas me voir fumer du tabac.

Et alors, c'est comment le vapo ?

Moins fun, je trouve… Il n'y a pas ce rituel de sortir la petite boîte, de faire son petit mélange. Moi j'ai l'impression d'être une cuisinière, j'aime bien faire des beaux pétards bien roulés. Et en roulant, je peux mesurer mon niveau de stress : si les pétards ressemblent à des doigts, c'est que je suis très stressée ! Et quand je les fais beaux, avec une grâce inouïe, extrêmement élégants, alors là, c'est que je suis toute à moi.

Vous évoquez votre fils… Car vous êtes aussi une maman, vous avez six enfants ! Comment avez-vous géré votre consommation face à eux ? Est-ce que vous leur avez caché ?

Mes enfants fument, et c'est de ma faute. Parce qu'ils m'ont vue fumer avec beaucoup de décontraction. Je fumais peu mais je le faisais devant eux. Je m'en veux, ça c'est clair et net. Et ils n'ont pas démarré par l'herbe : j'en ai fait des fumeurs de cigarette alors que moi je ne suis pas fumeuse de cigarette. Je me sens très responsable. C'est quelque chose que je vis mal. On ne doit pas fumer d'herbe devant les enfants quand ils sont petits, pas avant qu'ils aient 18 ans. Je ne le ferais pas si c'était à refaire. Ceci dit, mon frère qui n'a jamais vu personne fumer devant lui et qui habitait un village de 10 000 habitants au Portugal, s'est mis à fumer à l'âge de 11 ans. Et moi qui ai commencé à chanter à 16 ans, avec autour de moi des gens qui prenaient de la coke, qui faisaient des choses pas possibles au Palace… Je n'ai jamais rien fait de tout ça et je n'ai pas fumé avant mes 24 ans !

Comment vous l'expliquez ?

Je ne sais pas. Je pense que l'attrait de l'interdit a quelque chose de très fort. Mon frère, c'était clairement ça. C'était pour s'émanciper du petit garçon bien qu'il était. Son grand-père était médecin, sa grand-mère institutrice. Ce sont eux qui l'ont élevé dans ce petit village, il faisait partie de la classe aisée. Je pense que d'avoir fumé avec ceux qui étaient un peu en marge lui a donné la possibilité de se faire des copains, d'aller vers ceux qu'il croisait à l'école, tout simplement.

Au-delà du fait que vous ayez fumé devant vos enfants, comment est-ce que vous leur avez parlé du cannabis ? Est-ce que vous leur avez expliqué ce que vous fumiez ? Est-ce que vous avez fait de la pédagogie ?

Oui, on s'en parlait. Je suis pour la transparence. Mais là encore, je pense qu'il y a des âges pour et d'autres non. Je n'étais pas assez consciente, j'étais clairement une enfant de 68 – « Il est interdit d'interdire », « Sous les pavés, la plage », etc. – et c'est très bien que ça ait existé, parce qu'on a besoin de ces outrances pour avancer et pour déconstruire des chapes de plomb. Mais on fait aussi des dégâts, c'est normal, on apprend de l'expérience. Donc oui, je leur parlais, j'expliquais ce que je fumais, je leur expliquais les études qui ont été faites et qui montrent que quand les gens sont vraiment indépendants, il n'y a pas de problème. On en parlait en toute liberté, mais du coup ils se sont sentis très à l'aise de se mettre à fumer. Et je pense que j'aurais dû m'abstenir. On peut parler de tout mais il faut tenir compte de l'âge et adapter les discours. Maintenant, ils sont presque tous fumeurs de cigarette, excepté le dernier. Et quatre des six sont fumeurs d'herbe.

<u>Est-ce que ça vous arrive de fumer avec eux ?</u>

Maintenant qu'ils sont adultes oui, mais pas quand ils étaient jeunes. J'ai quand même eu conscience qu'il fallait mettre une limite, tout en sachant très bien que dans mon dos, ils faisaient exactement ce qu'ils voulaient. Il est évident que l'interdiction n'est pas dans mon tempérament, je n'ai jamais mis une pression militaire. Sauf pour mes deux jumelles ! Elles ont commencé à fumer du tabac tellement jeunes. J'ai même eu une période où je sentais leurs cheveux.

[rires]

Je disais « reniflage ! » quand elles rentraient de l'école, parce que des mamans bien intentionnées me disaient : « J'ai vu vos filles en train de fumer dehors. » Je n'y croyais pas et puis en fait si, elles avaient raison. Il a donc fallu faire quelque chose d'un peu costaud pour qu'elles me prennent au sérieux.

<u>Vous vous êtes déjà sentie jugée en tant que mère qui fume du cannabis ?</u>

Bien-sûr ! J'ai été jugée en tant que mère qui fumait du cannabis, en tant que mère qui portait des porte-jarretelles, en tant que mère qui montrait son ventre quand elle était enceinte, en tant que mère qui a montré son soutif quand elle était enceinte… J'ai été attaquée et critiquée de tous les côtés, tout le temps. Ça ne me fait plus rien, ni chaud ni froid. Je suis habituée donc c'est quelque chose que je gère aujourd'hui avec énormément de distance.

Vous avez été jugée en tant que mère, mais peut-être aussi en tant que femme… Comment c'est d'être une femme, de consommer du cannabis et de l'assumer publiquement ?

Ça fait longtemps que tout le monde sait que je fume, mais **vous allez voir : quand cette interview va sortir, je vais m'en prendre plein la tête !** À chaque fois que je l'assume publiquement, il y a une levée de boucliers. Je crois que les esprits ne sont pas prêts. J'avais été suivie par une équipe de l'émission *Striptease* et j'avais roulé un pétard en disant « c'est le pétard, c'est le pétard ! ». Il y a eu une déferlante sur Internet – mais de la même façon qu'il y en a eu une quand j'avais mes cheveux gris ! Je n'en meurs pas. Ce n'est jamais très agréable sur le moment mais il faut bien se lever pour ses convictions. Moi, je suis pour le débat. Je suis tout à fait prête à confronter mes arguments. Est-ce que c'est plus difficile quand on est une femme ? Tout est plus difficile quand on est une femme ! Si un homme défend sa consommation de cannabis, on va forcément lui accorder plus d'attention, considérer plus sérieusement sa prise de position. Alors qu'une femme l'aura fait par faiblesse ou parce qu'elle ne se rend pas compte… Dans une société patriarcale, c'est toujours plus difficile pour les femmes.

Pour finir, Lio, vous disiez tout à l'heure vous fournir plutôt auprès d'amis qui font pousser. Ce souci de consommer responsable et sain, il est là depuis le début ou c'est une prise de conscience plus récente ?

Il est là depuis le début parce qu'on touche quand même à notre psyché. Mais on y touche tout le temps : chaque aliment que l'on mange provoque une réaction chimique en nous. On est dans la chimie de notre cerveau, de notre corps en permanence, il faut prendre conscience que c'est notre maison et qu'il faut la respecter et l'écouter. On a mangé pendant des années du McDo alors que c'est bourré de perturbateurs endocriniens qui font un mal de chien et on ne faisait pas attention avant. Parce qu'on ne savait pas qu'on était aussi peu respectés. Entre un an d'herbe et un an de McDo, je crois qu'on s'en sort beaucoup mieux après un an d'herbe !

D'ailleurs, les deux documentaires existent : *Super Size Me*[2] et *Super High Me*[3] !

Ça existe *Super High Me* ? J'adoooore !

2. Super Size Me, *Morgan Spurlock, 2004.*
3. Super High Me, *Michael Blieden, 2007.*

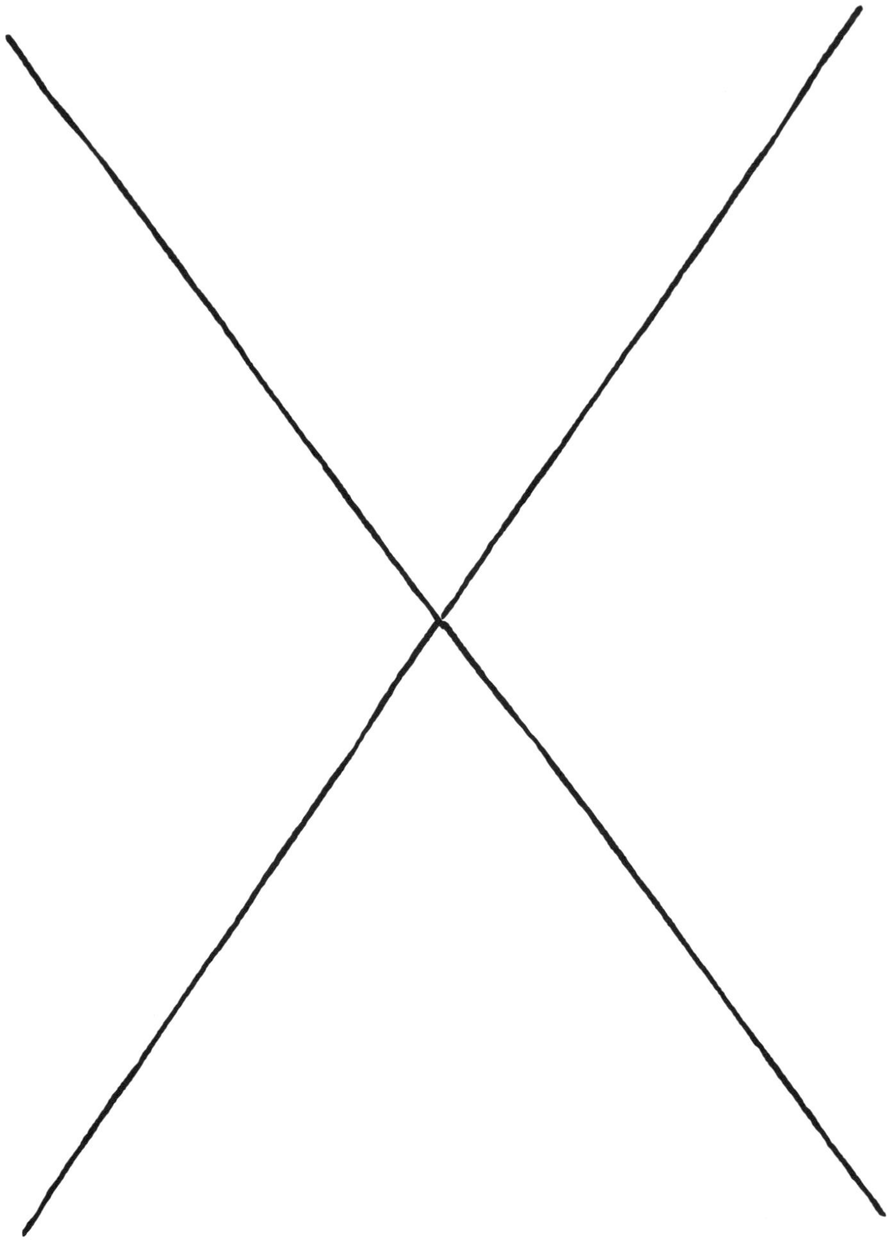

DE LA WEED & DES MEUFS : QUAND FUMER NE FAIT PAS BON GENRE

VOUS L'AVEZ SANS DOUTE REMARQUÉ, CET OUVRAGE EST TRÈS LOIN D'ÊTRE PARITAIRE : TROIS FEMMES SEULEMENT, SUR QUINZE INVITÉ·E·S. CE N'EST POURTANT PAS FAUTE D'AVOIR ESSAYÉ… EN TROIS ANS D'ENTRETIENS, NOUS AVONS LANCÉ UNE CENTAINE D'INVITATIONS À DES PERSONNALITÉS FÉMININES, LE TAUX DE REFUS DÉPASSANT L'ENTENDEMENT. ET PARMI TOU·TE·S LES INVITÉ·E·S REÇU·E·S DANS LE PODCAST *BANANA KUSH*, SEULES DES FEMMES ONT REFUSÉ LA RETRANSCRIPTION DE LEUR ENTRETIEN DANS LE PRÉSENT OUVRAGE. ALORS, QUEL EST LE PROBLÈME ? LES FEMMES NE FUMENT-ELLES PAS ? C'EST DE MOINS EN MOINS VRAI. EN REVANCHE, L'ASSUMER PUBLIQUEMENT, C'EST UNE AUTRE PAIRE DE MANCHES ! COMME TOUT COMPORTEMENT SOCIALEMENT DÉSIGNÉ COMME DÉVIANT, LA CONSOMMATION DE CANNABIS EST PLUS FORTEMENT STIGMATISÉE CHEZ LES FEMMES. LA LIBERTÉ DES UNES S'ARRÊTE LÀ OÙ SE PORTE LE REGARD DES UNS.

Comme pour toutes les drogues – alcool compris – les hommes sont plus nombreux à consommer du cannabis que les femmes. D'après l'OFDT[1], en 2017, 15,1 % des hommes âgés de 18 à 64 ans avaient consommé du cannabis dans l'année, contre seulement 7,1 % des femmes du même âge. Et si l'on regarde les usages quotidiens, la différence genrée est encore plus marquée : en proportion, trois fois plus d'hommes que de femmes[2]. Par ailleurs, quand les femmes consomment, c'est souvent… la faute de leur conjoint ! « Dans les usages des femmes

1. *Podcast* Banana Kush *#04, 22 février 2019.*
2. *3,4 % d'hommes sont usagers quotidiens contre 1,1 % de femmes. Source : Baromètre santé 2017, Santé publique France, OFDT.*

adultes, on retrouve beaucoup d'usages en couple. Ce sont des femmes qui vont partager la consommation de leur conjoint »[3], explique Stanislas Spilka, responsable des enquêtes à l'OFDT.

Est-ce à dire que par nature, les femmes aiment moins le goût de l'herbe ? Ou est-ce le signe qu'on leur a moins inculqué celui de la transgression et de l'interdit ? « Cette stigmatisation a plusieurs conséquences », explique Stanislas Spilka. « D'abord un effet de protection : face à la réprobation sociale supposée, les femmes vont tendre à consommer plus modérément, voire à ne pas consommer du tout. Mais aussi un effet d'invisibilisation : les femmes qui consomment malgré tout, notamment celles qui ont des conduites addictives, et à plus forte raison si elles sont mères, peuvent s'inscrire dans un déni.»[4] Le verdict est clair et sans appel : même quand elles fument, les femmes sont moins enclines à assumer leur consommation.

Mais les temps changent et depuis quelques années, les écarts de consommation genrés se réduisent. En 2005, les hommes entre 18 et 65 ans étaient presque quatre fois plus nombreux que les femmes à déclarer consommer régulièrement du cannabis. Douze ans plus tard, en 2017, le ratio n'est plus que de trois[5]. D'après l'OFDT, « au sein des jeunes générations, la différence de proportion de consommateurs entre hommes et femmes tend à diminuer. […] La prédominance des hommes est de moins en moins nette et s'avère moins importante que pour l'alcool. »[6] Alors comment expliquer ce rattrapage des usages féminins ? Déjà, par une plus grande diffusion et acceptation du produit dans la population en général – l'interdit et la barrière genrée allant de

3. *Podcast* Banana Kush *#04, 22 février 2019.*
4. *Idem.*
5. *Baromètres santé 2005 et 2017, Santé publique France, OFDT.*
6. *« Usages de drogues et conséquences : quelles spécificités féminines ? », Cahiers tendances de l'OFDT, p. 3, mars 2017.*

paire, plus un produit se diffuse, plus les écarts homme-femme se réduisent. Également par une plus grande égalité entre les sexes : « Des études internationales ont montré que la réduction des inégalités entre les sexes s'accompagne d'une convergence des comportements de consommation. »[7] Mais c'est aussi une question de classe sociale : « En général, les femmes qui consomment appartiennent plutôt à des populations aisées et favorisées professionnellement. »[8] Pendant que les prolos se cachent des mauvaises réactions, les bourgeoises s'enfument en toute décontraction.

Pour conclure, rapide coup d'œil dans le rétro : « Au début du XXe siècle, boire était un comportement socialement légitime pour les seuls hommes. Alors que le fait de boire était perçu comme un symbole de force, de vitalité et de virilité pour les hommes, […] la consommation féminine était considérée comme une mise en danger de la famille. »[9] Remplacez « alcool » par « cannabis » et vous comprendrez pourquoi, en 2022, ce livre manque de femmes.

7. *Idem.*
8. *Idem.*
9. *Idem.*

QUANTITY

QUAND
TU GRANDIS
EN CITÉ,
~~FUMER~~ C'EST
TABOU.

JOK'AIR

RAPPEUR, ORIGINAIRE DU XIIIe ARRONDISSEMENT, JOK'AIR PARLE DE SON QUARTIER COMME D'UNE BANLIEUE INTRA-MUROS. EX-MEMBRE DE LA MZ, TRIO DE RAPPEURS SÉPARÉ EN 2016, JOK'AIR A DEPUIS SORTI QUATRE ALBUMS SOLO : *JOK'RAMBO*, *JOK'TRAVOLTA*, *JOK'CHIRAC* ET *VI RÉPUBLIQUE*, DONT LA POCHETTE REPRÉSENTE LA MILITANTE ANTIRACISTE ET ANTI-VIOLENCES POLICIÈRES ASSA TRAORÉ EN PRÉSIDENTE DE LA RÉPUBLIQUE NOUVELLEMENT ÉLUE. OUTRE LE ROMANTISME QUI TRAVERSE SON ŒUVRE, ON PEUT DIRE QUE LA WEED FAIT PARTIE DE SON UNIVERS, DE SES TEXTES, DE SES CLIPS… IL NOUS A REÇUS DANS SON STUDIO DU XXe ARRONDISSEMENT DE PARIS. DANS SON SURVET ADIDAS, ENTRE DEUX PRISES DE SON PROCHAIN ALBUM, ENTRE DEUX VERRES DE RHUM ET EN NE LÂCHANT JAMAIS SON PÉTARD, IL A ÉVOQUÉ AVEC NOUS SON RAPPORT COMPLEXE À LA BEUH.

Jok'Air, bonjour.

Bonjour.

La weed est omniprésente dans ton œuvre et elle a l'air de l'être dans ta vie. On te voit te mettre en scène sur Instagram, dans tes *stories* en train de fumer, de tester des vaporisateurs de weed… Tu offres même des codes promo ! Quelle place a le cannabis aujourd'hui dans ta vie ?

Oui je fais des codes promo pour la weed, comme les mecs de la télé-réalité !

[rires]

La weed, elle a une place importante. Dans le sens où je ne peux pas m'en passer. Je peux fumer deux à trois joints par jour. C'est un anti-stress pour moi.

<u>Tu as commencé à quel âge ?</u>

J'ai commencé à 20 ans. Assez tard, parce que quand tu grandis en cité, fumer c'est tabou. Tu vis dans une sorte de village où tout le monde est à sa fenêtre, tout le monde connaît les parents de tout le monde, toutes les mères se connaissent. Tout le monde vend, mais à mon époque, seule une minorité consommait. En général, les mecs qui fumaient partaient traîner dans d'autres quartiers. Quand j'ai commencé à fumer, c'était pas à la cité mais au lycée, avec d'autres personnes qui n'étaient pas du même milieu social que moi.

<u>Ça veut dire que dans la cité, à l'époque, au début des années 2000, fumer c'était tabou, mais pas vendre ?</u>

Oui. Aujourd'hui, c'est différent. J'ai un petit frère que je regarde grandir dans le même quartier que moi : maintenant, parmi les petits, il y a une majorité de fumeurs et une minorité de non-fumeurs. Avant, dans mon équipe, sur 20 mecs, il y en avait 2 qui fumaient. Mais aujourd'hui sur 20, il y en a 15 qui fument. C'est complètement différent. Peut-être que la vie est deux fois plus stressante aujourd'hui. Et on diabolise moins le truc. Je pense que l'avènement des réseaux sociaux a contribué à la dédiabolisation, surtout quand on voit que c'est légal dans d'autres pays. Même ma mère, aujourd'hui, elle a un esprit plus ouvert par rapport à ça ! Elle a un regard totalement différent. Et je pense que c'est ça qui a changé : le regard. Le regard tourné vers le monde.

<u>Et du coup, tu fumes devant ta mère maintenant ?</u>

Parfois, je suis en train de fumer quand elle rentre. Et moi je reste bloqué « je fais quoi, je fais quoi ? ». Ça se passe comme ça. Mais même inconsciemment, quand ma mère sent l'odeur, elle sait. Elle ne veut pas venir, elle ne veut pas rentrer dans la pièce pour voir ses fils avec les yeux rouges et tout. Ah ça non !

C'est marrant ce que tu nous racontes parce que si on regarde aujourd'hui le rap français, la weed est omniprésente, que ce soit du point de vue du deal ou de la consommation. Alors, est-ce que ça décrit une réalité ou c'est du storytelling ?

C'est réel. La weed, aujourd'hui en France, c'est réel. Énormément de gens en consomment. Et pourtant, on la diabolise : c'est là où je me dis que soit ils font exprès, soit ils sont cons ! C'est juste une plante qui n'est pas occidentale, c'est quelque chose qui n'est pas d'ici. Ça pousse au Pakistan ou en Amérique latine. Si ça poussait en Europe centrale ou de l'ouest et que c'était rentré dans notre culture, je pense qu'on réfléchirait autrement. Ils diabolisent le truc et on sait qui est visé. Quelqu'un qui fume du cannabis et qui habite dans le XVIe, il n'a pas les mêmes soucis que quelqu'un qui fume du cannabis et qui habite à Grigny. Si on diabolise la weed, c'est contre les gens de Grigny, de Sevran, du XIXe, du XVIIIe. Comme ils savent très bien que leurs propres enfants, qui en consomment aussi, n'auront aucun ennui par rapport à ça, ils préfèrent ne pas légaliser, ne pas dépénaliser.

Mais si c'est légalisé, tous ceux qui la jouent gangster, qui parlent du deal dans les textes de rap, ils vont parler de quoi ?

Ils diront la vérité. Tout simplement. La plupart des textes de rap, quand ils parlent de deal, ils parlent d'autres drogues. Quelqu'un qui bicrave du cannabis aujourd'hui, en général, il a entre 15 et 20 ans. Dans une cité, si tu as dépassé la vingtaine et que tu bicraves encore au détail, c'est chaud pour toi. À partir d'un certain âge, on vend en gros. Tu vois ? Sinon, c'est un échec social. Au bout d'un certain âge, si tu en es encore à bicraver des barrettes, poto change de life, arrête man et trouve toi un taff.

Tu es passé par là adolescent ?

Moi adolescent, j'ai vendu trop de trucs, trop de drogues avec mes frères. Putain… j'ai arrêté. Mais au lycée j'ai fait que ça, en bas de chez moi. J'avais pas de terrain, les mecs venaient directement dans mon hall. On a commencé comme ça la chanson. Les premières heures de studio qu'on s'est payées, c'était grâce à Davidson (son frère et producteur, *ndlr*) qui bicravait comme un malade, dans tout Paris. Et tout le monde le sait autour de moi, comment notre adolescence s'est passée au quartier. C'est même ce qui m'a permis de pouvoir m'exprimer, de chanter des chansons d'amour sans qu'on dise : « C'est un mec fragile ». J'ai bicrave mais je partais pas en vacances à Marbella ! Les gens ont l'image du dealer qui vend et qui se fait de l'oseille. Sauf que c'est pas si facile ! Tu as 16, 17 ans, c'est un investissement : parfois tu gagnes, parfois tu perds… Et à 16, 17 ans, tu gagnes beaucoup mais tu perds beaucoup. Et moi ça me permettait de manger tous les jours, de me saper, ça me permettait d'être beau ! De ne pas être ridicule devant les autres. Aujourd'hui, heureusement il y a les Uber Eats, etc., on voit beaucoup de jeunes qui entreprennent. Ce qui fait qu'il y a moins de dealers. Moi quand j'étais petit, je ne pouvais pas entreprendre. Quand tu voulais de l'argent, il fallait aller déposer un CV, une lettre de motivation et on ne te rappelait jamais. Bicraver, ça ne veut pas dire que t'es un voyou. Ça veut juste dire que t'es un mec qui veut pouvoir aller au McDo à midi, porter un ensemble Adidas ou Nike, comme tout le monde.

Et tes années à dealer, aujourd'hui, tu les regardes comment ? Tu te dis que ça t'a apporté quelque chose ? Est-ce que ça t'a construit d'une certaine manière ?

Ça m'a appris, ça m'a aidé… J'aurais pu faire autre chose si on m'avait rendu tout ce que j'ai donné. Je m'étais donné les moyens. Après l'école, après le bac, je voulais faire une alternance et tout…

Si le cannabis était légalisé en France, tu te verrais investir comme d'autres rappeurs le font aux États-Unis ?

Je suis un mec qui vit dans la légalité. Si ça devient légal, pourquoi pas.

Revenons au Jok'Air consommateur. Tu nous disais que tu fumes deux ou trois bédos par jour… Tu les fumes à quel moment et dans quel but ?

En général, je n'aime pas trop fumer le matin. Je fume une fois que j'ai fini ce que j'ai à faire. Quand je suis au studio, je fume énormément. Après les concerts, je fume énormément. Avant, un peu moins.

Et quand tu écris, tu fumes ?

Ça m'arrive.

Qu'est-ce que ça t'apporte artistiquement parlant ? Ça t'ouvre l'esprit ? Ça t'inspire ?

Ça me maintient focus. Ça me met dans le son.

C'est une question de vibe aussi, peut-être : on réfléchit moins avec son cerveau et plus avec son corps ?

C'est ça ! On ressent mieux la musique, on ne va pas se mentir. Après un joint, il y a des choses que j'entends mieux. Il y a des choses que j'entends tout d'un coup dans la même musique que j'ai écoutée deux minutes avant sans avoir entamé ce joint-là.

Dans tes textes, dans le morceau *Aquarium* par exemple, on sent que tu as un rapport complexe à la weed, que c'est un plaisir, un truc qui te fait du bien, mais qu'en même temps, c'est compliqué… Tu dis par exemple : « Je fume pour oublier que ma vie est triste »…

Je mène une vie tellement stressante, qui apporte tellement d'anxiété. Quand je dis que je fume pour oublier, c'est que ça me détend, ça me fait penser à autre chose.

Quand on regarde tes textes aussi, il y a quelque chose qui revient beaucoup, c'est ton goût des femmes et du sexe. Sexe et weed, ça te parle ?

Ça va ensemble ! J'aime bien faire l'amour défoncé. J'ai l'impression que chaque baise est différente quand je fume.

Et fumer en couple, c'est un truc que tu fais ?

Ça m'arrive de fumer avec des meufs…

C'est plus rare qu'une fille assume qu'elle fume, publiquement…

Pourtant, elles fument les filles. Elles fument beaucoup mais je pense qu'elles ont plus honte d'être mal vues. On vit dans un pays où une meuf qui écoute du Jok'Air, on va dire que c'est une pute ! C'est compliqué déjà…

<u>Toi, tu trouves ça cool une fille qui fume ?</u>

Je trouve ça normal, comme un mec qui fume. Elle fait ce qu'elle veut.

<u>Dernière question, Jok'Air. C'est quoi le meilleur morceau de rap qui parle de weed ? Un texte qui t'a marqué ou inspiré…</u>

Inspiré ? Non. Marqué, oui. Ideal J, *Un nuage de fumée*.

[en chantant]

Un nuage de fumée me contient,
Dans un simple joint ma rage je contiens.
Un liquide nocif m'atteint,
Puis soudain le mal…

Je sais pas… J'aimais bien.

[en chantant]

Tout devient abstrait,
Je tire un trait sur le respect.

RAP & CANNABIS : LE STORYTELLING DE LA BICRAVE

BICRAVE • V. TR. INV. : VENDRE (DE LA DROGUE), DEALER[1].

LA BICRAVE, LE TOSMA, LA BONBONNE, LES IENCLIS, MIDI-MINUIT… AVEC SON VOCABULAIRE DE LA STREET, LE RAP FRANÇAIS NOURRIT L'IMAGINAIRE CONTEMPORAIN DU CANNABIS. JOK'AIR NOUS RACONTE OUVERTEMENT COMMENT VENDRE DES BARRETTES LUI A PERMIS DE PAYER SES PREMIÈRES HEURES DE STUDIO. ET À SAINT-OUEN (9-3), UN CERTAIN "MALSAIN", PRODUCTEUR DE RAP LIÉ À HEUSS L'ENFOIRÉ, EST À LA TÊTE D'UN DES PLUS GROS RÉSEAUX DE TRAFIC DE STUPÉFIANTS DE LA VILLE. MAIS QUELLE EST LA PART DE FICTION ET DE RÉALITÉ ? LES TEXTES DE RAP RELÈVENT-ILS DU STORYTELLING OU DU RÉCIT DOCUMENTÉ DU RÉEL ? BREF, QUELS SONT LES LIENS ENTRE LA BICRAVE ET LE RAP GAME ? ON A POSÉ LA QUESTION À BRUNO LAFORESTRIE, DIRECTEUR DE MOUV', LA RADIO RAP DU SERVICE PUBLIC, QUI A LONGTEMPS DIRIGÉ UNE AUTRE RADIO : GÉNÉRATIONS, DÉDIÉE ELLE AUSSI AU HIP-HOP ET AUX CULTURES URBAINES. L'ANNÉE DERNIÈRE, IL A PUBLIÉ *HASH, LA HONTE DE LA RÉPUBLIQUE* (ÉDITIONS JC LATTÈS), UN ESSAI SUR LE CANNABIS ET SON INFLUENCE DANS LA SOCIÉTÉ FRANÇAISE. IL SE SITUE DONC À L'INTERSECTION DES DEUX SUJETS QUI NOUS OCCUPENT : LA WEED ET LE RAP FRANÇAIS, DONT IL A ACCOMPAGNÉ L'ÉMERGENCE DEPUIS LES ANNÉES 1990.

« Dans l'histoire du rap, beaucoup d'artistes ne cachent pas qu'ils ont commencé dans la rue. Quand on fait une musique du ghetto et qu'on n'a pas d'argent, la débrouille passe parfois par le trafic,

---

1. *Dictionnairedelazone.fr*

qui est un moyen de subsistance. Mais il n'y a pas de lien direct : ce n'est pas l'industrie du cannabis qui finance le rap. Aujourd'hui, le rap est une musique hyper bien financée par les grandes maisons de disque, on n'a pas besoin de l'argent du trafic pour devenir rappeur. En revanche, ce n'est pas parce qu'on devient rappeur qu'on se coupe totalement de son écosystème ! Même quand ils n'y participent pas, ils connaissent le ter-ter[2], ils savent combien on vend le kilo. Et c'est ça qui est intéressant : ce que racontent les artistes du réel. Ils sont des haut-parleurs qui relayent ce qui se passe sur le terrain. Quand on habite à Sevran, on raconte ce qui s'y passe.

Ce n'est pas pour autant que tous les textes glorifient le business. Il y a des récits extrêmement variés. Kery James raconte comment son ami d'Ideal J, Las Montana, s'est fait tuer et comment le trafic amène à la mort. Dans *Giuseppe*, Niska décrit comment les gens se font tuer, séquestrer… Ou encore PNL qui dépeint le spleen du bicraveur, avec une forme de fatalisme et de mal-être face à leurs chemins de vie.

En fait, le récit du cannabis dans le rap a changé dans le temps, comme l'a fait le terrain. Dans les années 1990, les morceaux évoquaient le côté récréatif, ce que c'était que d'être foncedé – c'est *Pass pass le oinj* de NTM, par exemple. Sauf qu'on est passé de quelque chose qui était festif et à petite échelle, à une industrie lourde à très grande échelle. En 20 ans, les chiffres d'affaires ont été multipliés par 20. Donc aujourd'hui, la plupart des artistes racontent plutôt le business. Et le récit se répand sur l'ensemble du territoire français : ce n'est plus simplement Paris, le 9-3 et Marseille. On le retrouve aussi chez les artistes de Rouen, de Strasbourg… Ce qui montre à quel point cette industrie est devenue extrêmement puissante et nationale. »[3]

---

2. Argot pour terrain, quartier.

3. Podcast Banana Kush *#26, 19 mai 2021.*

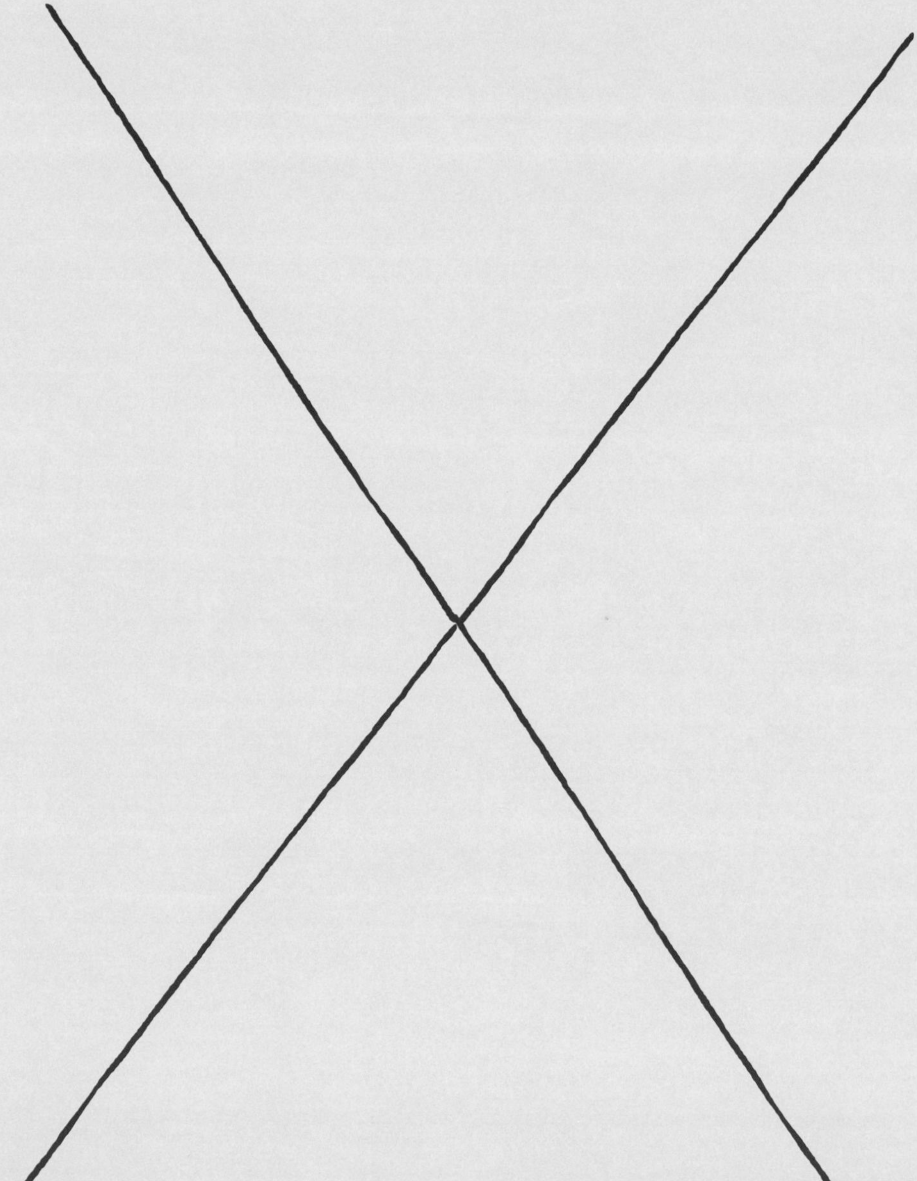

JE DÉCOUVRE LA DARK SIDE DU PÉTARD.

BOOMBASS

POUR HUBERT BLANC-FRANCARD, ALIAS BOOMBASS, LA MUSIQUE N'ÉTAIT PAS UN CHOIX, MAIS UN DESTIN. CAR LES BLANC-FRANCARD FORMENT UNE DYNASTIE DE MUSICIENS. SON PÈRE : DOMINIQUE BLANC-FRANCARD, GRAND PRODUCTEUR ET INGÉNIEUR DU SON. SON ONCLE : LE PRODUCTEUR, JOURNALISTE ET HOMME DE RADIO PATRICE BLANC-FRANCARD. SON FRÈRE ? MATHIEU BLANC-FRANCARD, CHANTEUR ET COMPOSITEUR PLUS CONNU SOUS LE NOM DE… SINCLAIR. HUBERT, DEVENU COMPOSITEUR ET DJ, RENCONTRE UN BEAU JOUR UN CERTAIN PHILIPPE ZDAR. ENSEMBLE, ILS VONT FAIRE DE LA MUSIQUE ÉLECTRONIQUE. D'ABORD SOUS LE NOM DE LA FUNK MOB, IL PRODUISENT POUR DES RAPPEURS COMME MC SOLAAR AU DÉBUT DES ANNÉES 1990. MAIS C'EST PLUS TARD, À UNE ÉPOQUE OÙ LA FRANCE ÉLECTRONIQUE RAYONNE MONDIALEMENT, QU'ILS SORTIRONT DES IMMENSES TUBES DE *HOUSE MUSIC*, DEVENUS AUJOURD'HUI DES CLASSIQUES. BOOMBASS ET ZDAR FORMENT CASSIUS, UN DUO DE LÉGENDE. LA FRENCH TOUCH ÉTAIT NÉE. 25 ANS PLUS TARD, LE DUO CASSIUS EST TOUJOURS ACTIF. JUSQU'À LA MORT SOUDAINE ET ACCIDENTELLE DE PHILIPPE ZDAR, EN JUIN 2019. DEUX ANNÉES ONT PASSÉ DEPUIS. BOOMBASS FAIT TOUJOURS DE LA MUSIQUE, MAIS IL S'EST AUSSI MIS À ÉCRIRE. IL NOUS A REÇUS CHEZ LUI, DANS SON SALON-STUDIO HABITÉ DE PIANOS, DE SYNTHÉTISEURS ET DE MACHINES EN TOUS GENRES. ON A PARLÉ INSPIRATION, CONCENTRATION ET ADDICTION.

Hubert, Boombass, bonjour.

Bonjour ! C'est bien moi, Hubert Boombass à l'appareil.

On commence par notre question rituelle : quel fumeur es-tu ?

Je suis un vrai fumeur ! C'est un mélange de passion et de problème. J'ai commencé assez jeune et j'en connais très bien les travers et les bons côtés. Je découvre dans cette plante la *dark side* qu'on ne veut souvent pas voir, parce qu'elle n'est pas si évidente.

Cette *dark side*, c'est quelque chose que tu as découvert récemment ou ça fait longtemps qu'elle te suit ?

Quand je dis *dark side*, ce n'est pas quelque chose d'horrible sinon je ne le ferais pas. C'est plutôt une forme d'addiction psychique. Et avec le temps, elle est de plus en plus compliquée à maîtriser. À la fin, c'est elle qui te tient. Je pense qu'il y a des gens qui ont une nature faisant qu'ils peuvent vivre avec. Je pense que j'ai cette nature-là. Il y en a d'autres pour qui c'est destructeur parce qu'ils ne peuvent plus rien faire. Il y a celui qui saute en l'air et celui qui est au fond du canapé toute la journée. On ne réagit pas tous pareil. Moi, j'ai une passion pour l'effet que ça me fait, qui est une sorte d'équilibrant. Mais avec cet équilibrant, tu joues avec le feu !

Tu disais avoir commencé tôt… à quel âge exactement ?

Vers 14-15-16 ans… tu sors dans les boums, les soirées. Moi, je récupérais tout le temps le cul du joint. Il y avait sept mecs pour un joint, c'était sept tigres face à un petit bout de viande ! Mais ça ne me motivait pas plus que ça, parce que mon père m'avait mis en garde. Il était dans la musique lui aussi, ingénieur du son. Assez jeune, il m'a parlé discrètement de tout ça. Et comme il voyait que j'avais de l'ambition, l'envie de faire plein de choses, il a joué sur la corde sensible : « C'est super le joint mais après tu ne fous plus rien, tu vas perdre du temps et tu vas passer à côté de plein de trucs. » Ça m'avait hyper angoissé donc j'ai attendu pour m'y mettre vraiment. Le jour où ça a basculé, j'étais assistant dans un studio de musique, à la fin des années 1980, avec un pote. C'était un truc assez branché, il y avait plein de mecs, plein de filles dans la cabine, un joint qui tourne et… pour la première fois, je n'ai pas la fin mais le début. Je ne connais pas trop à l'époque, donc je fume trois, quatre lattes, peut-être trop. L'effet que j'ai ressenti en entendant de la musique… Je me suis dit « wow c'est incroyable ! ». Les basses, tout, c'était fou ! Et là d'un coup, tout est parti en sucette. J'étais assistant, j'étais censé travailler, m'occuper de tout. Mais je suis monté dans une pièce à l'étage, j'ai regardé un film, j'ai bouffé, j'ai pleuré devant le film comme un fou ! Et je me suis endormi. Ils m'ont cherché partout. Je me suis réveillé à six du mat' sans me rappeler où j'étais. Ils m'avaient laissé un mot : « On t'a laissé dormir, on a essayé de te réveiller. » Ça a été le début, l'accroche. J'ai découvert cette sensibilité hyper exacerbée.

Plusieurs musiciens, comme Sébastien Tellier, nous ont raconté que le cannabis leur permettait de mieux se concentrer sur leur musique pour composer. Est-ce que c'est ton cas aussi ?

Oui, je vois ce qu'il veut dire… Avec trois accords, tu peux tout de suite tripper. Et si tu as un cerveau un peu hyperactif, le cannabis va t'aider à penser à moins de choses et à rester concentré. Ça ne va pas m'aider à faire de la meilleure musique, mais ça ferme les portes de tous les trucs un peu chiants de la journée. Ça s'évapore et là, tu peux te concentrer pendant cinq heures sur ce que tu es en train de faire et tu as vraiment l'impression d'être dedans. Après, la plupart de nos morceaux qui ont marché, on les a faits quand on ne fumait pas ! Donc tu peux te poser des questions. Il y a eu un Bob Marley pour trois millions de mecs qui fumaient et qui ont fait des sons horribles, donc… ce n'est pas la clé magique ! J'y ai cru à un moment donné, mais non : ça ne change pas le problème qu'il faut bosser comme un malade. Et je suis intimement convaincu que tu peux obtenir la même concentration en étant sobre, l'ayant déjà vécu plus jeune : je trippais comme un fou pendant des heures en rentrant de l'école. Simplement, le cannabis amplifie un petit peu cet effet, et il déstresse. Si j'allume une machine pour faire de la musique et que je suis tout seul, je rêve de fumer un joint ! Avec Philippe, on a vécu des trucs incroyables en musique.

Tu évoques Philippe Zdar, ton acolyte au sein du duo Cassius. C'est quelque chose que vous partagiez ensemble, le cannabis ?

Oui, mais en studio on ne fumait plus du tout. On a réalisé que ce n'était pas gérable. Surtout à deux, c'est compliqué, il faut rester synchro. En fumant, il y en a un qui part sur un truc, l'autre qui part sur autre chose… On le faisait au début, mais tout prenait un temps fou.

Sur ton compte Instagram, il y a une photo souvenir prise avec un de tes amis dans un miroir et cette légende : « Magic Hotel California, Los Angeles avec @lechoue1 pendant l'enregistrement de l'album *Au Rêve*. Weed, burger et la kasbah des Daft. »

Les Daft venaient de finir leur deuxième album *Discovery*, il y avait tout le projet autour avec les masques, les robots… Nous on était là-bas avec eux à ce moment-là. C'était génial. Et c'était pas la même herbe qu'à Paris. C'était un enfer !

[rires]

Hyper forte. Mais c'était marrant. Et ce deuxième album, ça nous a servi de leçon. On a beaucoup fumé et ça nous a mis vraiment dans le KO. Mais bon, on aurait sans doute fait les mêmes conneries sans. Après ça, on s'est dit « on ne fait plus ça ».

Quel genre de KO ?

On avait gagné des ronds, on avait eu une super avance, on n'avait pas de limite de temps ni de budget. En plus, la technologie avançait super vite à ce moment-là. On ne finissait jamais ! On se disait « on pourrait faire ça avec neuf guitares, 37 synthés », on avait acheté plein de trucs ! On a mis deux ans à le faire. C'est trop !

Et quand tu ne fais pas de musique mais que tu en écoutes… Quels genres fonctionnent bien avec le pétard pour toi ?

Tout marche bien ! J'ai des périodes. En fumant, tu comprends l'intérêt des musiques hypnotiques. Ça peut être de la house ou de la techno, mais c'est juste l'idée de la répétition qui fonctionne. Et quand tu entends quelque chose de vraiment très beau, là il y a vraiment une amplification. C'est comme des petits amplificateurs dans l'oreille qui envoient au cerveau des messages du genre « wow regarde c'est encore plus beau que beau ! ». Mais paradoxalement, dans un club, je n'ai pas du tout envie de fumer. Étant entouré de gens, avec du bruit, c'est pas l'idéal. Même pour jouer : la weed te détache, alors qu'il faut être très présent, toujours dans les deux ou trois prochains morceaux… Tout comme je n'ai pas du tout envie de me faire un joint à un dîner, d'être à l'ouest avec plein de monde, pour discuter, ce n'est pas agréable… Contrairement à ce que je pensais plus jeune, c'est quelque chose de plutôt solitaire, pour dormir ou pour créer. Mais je ne le vois pas comme un plaisir social.

Dans une interview, tu racontes que tu fumes en écoutant le *Requiem* de Mozart…

Ça, c'était une des premières fois, avec mon meilleur pote ! On ne fumait pas beaucoup, c'était une galère à trouver. Il est sorti se chercher à manger, je me suis retrouvé tout seul. Il avait le *Requiem* de Mozart dans ses CDs. Je ne sais pas pourquoi, je l'ai écouté au casque et là, j'ai fait un voyage complètement fou ! Ce qui est fort avec Mozart, c'est qu'il a fait des tubes. Tu n'as pas besoin d'avoir une énorme culture pour tout de suite entrer dedans. J'étais un aigle et je planais à travers les montagnes… J'avais des frissons d'émotions. C'était incroyable.

<u>C'est un peu l'apanage des premières fois…</u>

Oui c'est évident ! Mais cet effet de découverte de la musique, je l'ai retrouvé régulièrement toute ma vie, en studio avec Philippe ou tout seul à la maison. Mais on a aussi fait des conneries…

<u>Comme cet album qui a trop traîné parce que vous fumiez trop ?
Ça a nui à d'autres de tes projets ?</u>

Le nombre de choses que tu ne fais pas à cause de ça ! Ça a certainement amplifié un manque de confiance en moi, notamment entre mes 25 et mes 40 ans. Ça n'aide pas à avoir confiance en toi dans les moments où tu es dans le doute. Je ne le savais pas, je l'ai découvert. Tu as une intuition, et puis tu te dis finalement « bof, je ne sais pas si c'est une si bonne idée ». Six mois après, d'autres mecs le font vraiment et tout le monde trouve ça génial ! Ça m'est arrivé. Je ne sais pas si ce n'est que le joint, je pense que ma personnalité aussi y est pour beaucoup.

<u>Quand tu dis entre 25 et 40 ans, ça veut dire que c'est une période de ta vie où tu penses que tu as trop consommé ?</u>

C'est une période de ma vie où ça a amplifié le fait que je sois à l'ouest. Mais c'est dans ma nature : je m'en foutais un peu de tout, à part de ma famille ! Je ne le regrette pas du tout, c'était même assez agréable. Mais il y a certaines priorités qu'il faut finir par affronter car la vie n'est pas qu'un long kiff. Tu mets tout sous le tapis et à un moment ou un autre, tu reçois l'addition.

À quel moment as-tu commencé à découvrir ce que tu appelles la *dark side* du cannabis ? Quand est-ce que tu t'es rendu compte que ça ne te faisait pas que du bien ?

Tu le sais une fois que c'est rentré dans ta vie quotidiennement. Quand tu l'allumes à 15 ou 16 heures et que tu sais que ce n'est pas toi qui décide, c'est le besoin. Comme ce ne sont pas les mêmes effets qu'un mec qui est accro à l'alcool ou à l'héroïne, tu peux te mentir à toi-même sur l'addiction. Moi je la gère, au sens où ça ne ruine pas ma santé, j'arrive à mener la vie que je veux, donc ça ne me dérange pas. Mais c'est personnel, et chacun doit se regarder en face et se demander « est-ce que je peux vivre comme ça ou pas ? ». Moi, je ne peux pas boire par exemple. J'aime bien mais je ne bois quasiment plus. Ça me rend tout le temps malade, limite dépressif. J'ai mis des siècles à comprendre que le fait de ne pas boire, c'est fabuleux. Ça prend du temps, mais j'ai compris.

Donc aujourd'hui, tu considères que tu as une addiction au cannabis et tu t'en accommodes en quelque sorte ?

J'ai une addiction au cannabis, c'est sûr. Mais je ne me réveille pas en y pensant. Je pense que c'est tout à fait gérable, ce n'est pas comme l'alcool : j'ai des potes qui ont arrêté, s'ils reboivent un verre, ils repartent comme en 14. Tu peux très bien juste fumer un petit pétard le soir avant de t'endormir. Mais ces deux ou trois dernières années ont été assez compliquées, j'ai dû affronter plein de trucs. Alors là, quand j'essaie de maîtriser, c'est compliqué.

Donc il y a des périodes où tu essaies de faire sans ?

J'ai essayé il y a deux jours, c'est pour ça que j'en parle. Et à 18 heures, j'ai fait une crise d'angoisse. Et je me suis dit « ah oui, quand même… ».

Tu es un angoissé toi ? C'est aussi ça qui t'a amené vers le cannabis ?

Je me pose la question, parce qu'à partir du moment où tu passes la moitié de ta vie dans un état modifié, tu n'en sais rien. C'est ça qui m'intéresse aussi. Aujourd'hui, j'aimerais savoir comment je suis réellement sans ce truc-là. Angoissé, je ne pense pas. Je réfléchis trop peut-être, et ça me canalise un peu. Mais sinon ça va très bien, je ne veux pas détruire le cannabis, parce que c'est aussi un plaisir et qui n'est pas aussi destructeur que d'autres. Il faut juste en avoir conscience, essayer de se connaître et de ne pas trop se mentir. Mais le truc, c'est que j'adore ça !

Dans un autre de tes posts Instagram, tu poses à côté d'un manuscrit. Tu es souriant et tu écris : « Commencé en 2017 et terminé en 2021, c'est mon plus long voyage. 30 ans de musique et d'aventure. La victoire du cancre. Un kilo de weed, 345 nuits blanches. » Tu parles de ton autobiographie[1] que tu viens de publier…

C'est ça. Bon peut-être pas un kilo quand même ! Quoique sur trois ans en fait… je ne préfère peut-être pas faire le calcul !

[rires]

Je me suis lancé dans l'écriture et c'est devenu une obsession. J'ai

1. *Hubert Blanc-Francard,* Boombass. Une histoire de la French touch, *Éditions Léo Scheer, 2021.*

carrément vendu tous mes synthés. Je me suis complètement enfermé, je ne jouais plus, donc je n'avais plus de revenus. Ça m'a pris trois ans. Je suis rentré dans une sorte de rétroprojection de ma vie, en me focalisant sur tout ce qui était lié à la musique. Et j'ai réalisé que je me rappelais de tout.

<u>Malgré tout ce que tu as fumé dans ta vie ?</u>

[rires]

Justement, on s'est foutu de ma gueule pendant 30 ans en me disant que je ne me rappelais de rien !

[rires]

Mais en fait, j'ai pu remonter jusqu'à mes 5 ans !

<u>Et tu fumais en écrivant ?</u>

Oui ! C'est peut-être aussi ce qui m'a fait prendre trois ans.

[rires]

Mais là, je ne regrette pas du tout. Le cannabis a amené une certaine nonchalance, un certain flou face à la réalité du travail que ça représentait. Ça m'a mis dans un état complètement second, qui a fait flipper tous les gens que je connais, mais c'est pas grave, il fallait que j'y aille à fond sinon je ne l'aurais jamais fait. Avec la mort de Philippe il y a deux ans, ça m'a aidé à traverser un truc assez infernal. Et le plus étrange, c'est que ça donnait une fin au bouquin. Mais aussi un sens, ou presque… c'est très bizarre.

Avant la parution de cette autobiographie, tu as sorti un EP, *Le Virage*, c'est je crois la première fois qu'on entend ta voix en français. Il paraît que c'est un soir où tu étais foncedé que tu t'es dit « tiens, pourquoi est ce que je ne chanterais pas en français ? »

C'était à la fin du dernier album de Cassius. Je bossais sur une instru et je me dis « je vais essayer trois phrases en français ». J'en envoie un bout à Philippe et il se fout de ma gueule au téléphone « Génial le -M- de la techno ! » – à l'époque, il travaillait sur l'album de Matthieu Chedid. Après, moi j'ai trippé, je me suis éclaté !

Cet EP a aussi un côté très sensuel, voire sexuel…

Oui, il est sexuel ! Enfin, excusez-moi, j'ai l'impression d'être DSK…

[rires]

Ce qui nous amène du coup à un autre sujet auquel on s'est intéressés dans *Banana Kush* : les rapports entre le cannabis et le sexe. Pour toi c'est compatible ?

C'est plus que compatible ! C'est tout aussi bien sans, mais c'est quand même un peu mieux avec. Il y a une amplification sur la peau qui est vraiment fabuleuse ! J'adorerais réussir à avoir cet effet-là sans le petit coup de mou qui va avec.

[rires]

Et puis, c'est naturel.

Récemment tu t'es intéressé à une forme légale du cannabis sans THC : le CBD. Tu as même lancé ta propre gamme de CBD. Quand est-ce que tu as découvert ça ?

J'ai découvert avec ma mère, qui était malade d'un cancer. En lui commandant une huile à 10 ou 20 % de CBD. C'est un très bon relaxant, un anti-stress. Il y a vraiment des trucs incroyables, hyper forts en CBD et là je peux te dire que moi qui suis un nerveux, je ne peux plus jamais m'énerver ! Après, il y a une sorte de ruée vers l'or un peu *cheap* sur le CBD… Tous ces produits bien-être, ça ne m'intéresse pas du tout. Ce que je trouve intéressant, c'est le côté thérapeutique. Et je mise aussi là-dessus pour réellement lever le pied sur le THC.

Un gros consommateur de THC comme toi peut y trouver son compte et remplacer une partie de sa consommation par du CBD ?

Oui je pense, mais il faut en avoir envie ! Et j'ai découvert les vapos, c'est fantastique. Il n'y a pas de combustion : la clope, le papier, c'est vraiment pourri.

En début d'interview, tu as évoqué ta famille. Tu as deux filles… Comment on gère le fait d'être un papa fumeur ?

Je crois que je ne me suis pas trop mal démerdé. J'ai cru pendant longtemps qu'elles ne m'avaient pas grillé, mais j'ai appris ensuite que j'étais grillé depuis qu'elles sont toutes petites ! Et qu'elles se marraient quand leurs copines venaient à la maison parce que j'étais complètement à l'ouest. Elles m'ont toutes les deux posé des questions dessus à des âges différents, ainsi que sur les drogues en général. J'ai dit la vérité en me disant qu'en général, tu n'as pas envie de ressembler à tes parents. Tous leurs potes fument, elles ont déjà fumé, mais ce n'est pas leur truc et je ne pense pas leur avoir donné envie de ça. Étrangement, je suis assez content. Ça me ferait chier de voir mes mômes dans le canapé à mater des films toute la journée, à bouffer des chips et à fumer de la weed avec leurs potes comme je l'ai fait !

Offrir un contre-exemple peut être une bonne stratégie…

Je pense. En plus, franchement, à l'époque dans laquelle on vit, diaboliser le cannabis c'est comme dire « Le sexe ? Jamais ! ». Je pense qu'il faut parler des choses. Et elles ont vu ce côté négatif que je ne voulais pas voir. Elles l'ont vu et elles aimeraient bien que j'arrête.

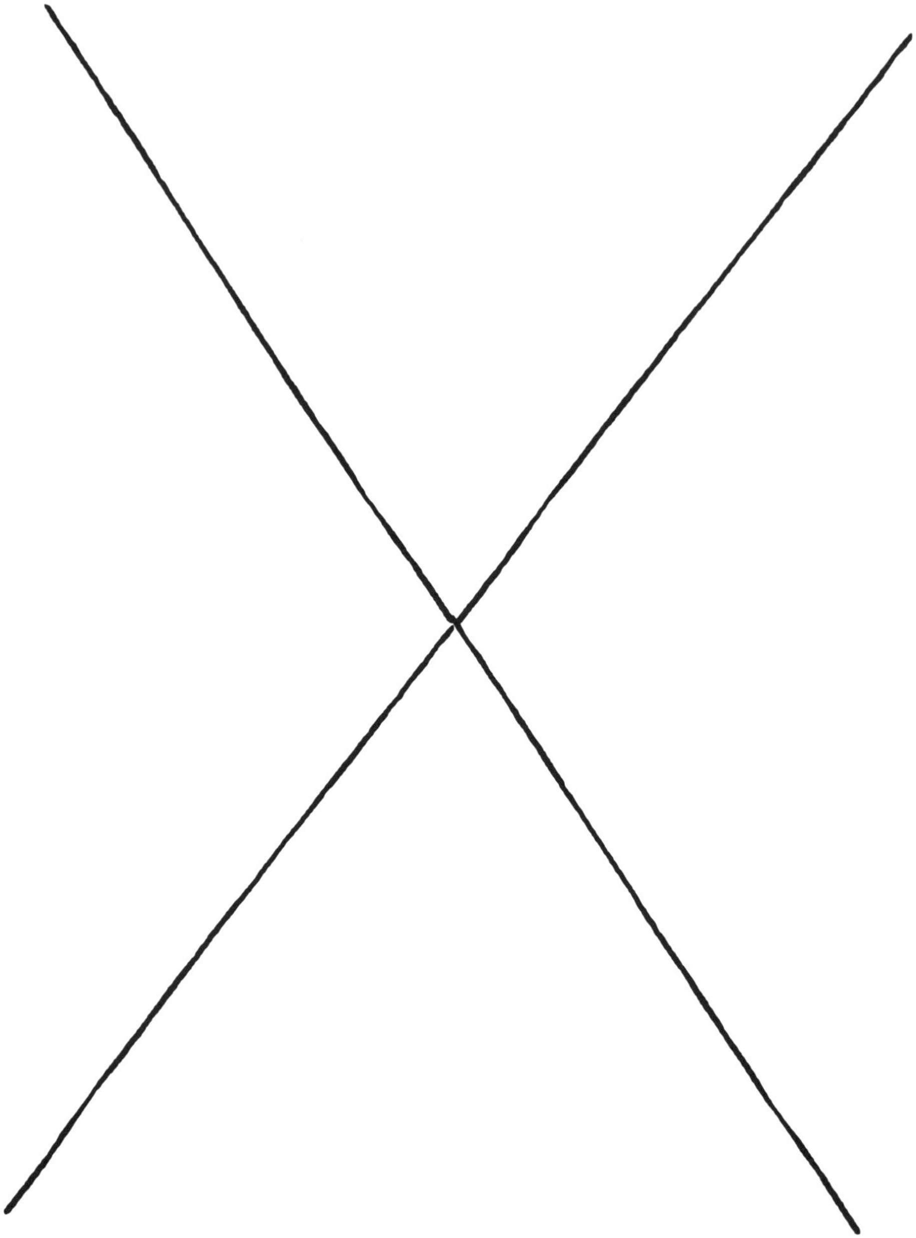

CHANVRE PARENTAL : QUAND LES DARONS FUMENT DU CHICHON

LA FRANCE EST EN TRAIN DE VOIR ADVENIR SA TOUTE PREMIÈRE GÉNÉRATION DE PARENTS FUMEURS DE WEED. DES ADOS DES NINETIES QUI ONT CONNU LA BANALISATION DU PÉTARD À LA SORTIE DES COURS ET QUI À LEUR TOUR, APRÈS LEURS DARONS, SONT DEVENUS DES DARONS. MAIS COMMENT GÉRER SA CONSO QUAND ON A DES MARMOTS ? À EN CROIRE LIO, SI SES REJETONS FUMENT TOUS OU PRESQUE, C'EST PARCE QU'ELLE A FAIT L'ERREUR DE CONSOMMER DEVANT EUX EN TOUTE DÉCONTRACTION – OU COMMENT DONNER UN MAUVAIS EXEMPLE. MAIS SI BOOMBASS S'EST FAIT GRILLER PAR SES DEUX FILLES DÈS LEUR PLUS JEUNE ÂGE, LE JOINT NE LES A JAMAIS TROP ATTIRÉES – OU COMMENT DONNER UN CONTRE-EXEMPLE !

ENTRE LE CHOIX D'EN PARLER POUR DÉMYSTIFIER, POUR ÉDUQUER ET CELUI DE SE CACHER POUR PRÉSERVER SES CHIARDS DU PÉTARD, DIFFICILE POUR UN PARENT CONSOMMATEUR D'ADOPTER LA BONNE STRATÉGIE. CONCRÈTEMENT, LES ENFANTS DE FUMEURS DE WEED ONT-ILS PLUS DE CHANCE DE FUMER DE LA WEED EUX-MÊMES ? ON A POSÉ LA QUESTION À STANISLAS SPILKA, RESPONSABLE DES ENQUÊTES À L'OFDT.

« Il est clair que ce qui joue énormément à l'adolescence, c'est la consommation des parents. On a aujourd'hui des populations adultes autour de 30-35 ans, des gens en âge d'être parents, qui déclarent des usages du cannabis – ce que l'on n'observait pas il y a 20 ans. On sait que l'usage de tabac chez les parents influence positivement la consommation de l'adolescent. Que l'usage d'alcool influence positivement la consommation de l'adolescent. Donc on peut émettre l'hypothèse que la consommation de cannabis des parents aura une influence positive sur la future consommation de l'adolescent. »[1]

Sachant ça : que faire ? Avec l'arrivée de la marmaille, certains comme Chadi retrouvent leur âme de canaille : « On redécouvre ce sentiment d'ado, d'avoir à se planquer ! Quand ils sont tout petits, on ne se planque pas, c'est eux qui vont dormir. Plus ils grandissent, plus ce moment où ils vont se coucher arrive tard et donc plus on élabore des stratégies : "papa va se reposer", "papa va travailler"… Et puis il y a l'époque où on se planque mais plus personne n'est dupe. J'ai toujours refusé de fumer devant les enfants. Si les questions viennent, on y répond. Et si elles ne viennent pas, on ne les anticipe pas. »[2]

D'autres géniteurs stoners foutent carrément la honte à leurs enfants abstinents, comme Lara et Momo, un couple de quarantenaires qui fument quotidiennement et cultivent même dans leur appartement. Ce qui n'est pas du goût de leur ado de 16 ans : « C'est un sujet qui n'est pas du tout tabou à la maison. On fume devant elle sans problème. Il n'y a que pour la récolte que je m'arrange pour le faire quand elle n'est pas là. Elle n'aime pas trop ça à cause de l'image que ça peut donner à l'extérieur. Elle a peur que ses copines s'en rendent compte quand elles viennent à la maison. Elle n'assume pas, ça la gêne, elle déteste ça. D'ailleurs, je ne crois pas qu'elle ait essayé le cannabis. Elle connaît tellement déjà ce que c'est qu'elle s'en fout royalement. »[3] Et ceux qui ne s'en foutent pas s'amusent parfois à jeter discrètement le tosma de papa…

Mais pour conclure, laissons la parole à une maman qui est aussi une grand-maman : Liliane Rovère. « Je ne cache rien. Mais il y a un temps

1. *Podcast* Banana Kush *#5, 4 avril 2019.*
2. *Idem.*
3. *Idem.*

pour tout et une façon de dire les choses. On n'explique pas les choses à un enfant de 10 ans comme on l'explique à quelqu'un de 30 ans. »[4] À 10 ans, on explique pourquoi le pétard, c'est pas pour les enfants. À 30 ans, on le sort à la fin des repas de famille… comme des gosses ?

4. *Podcast* Banana Kush *#18, 13 janvier 2021.*

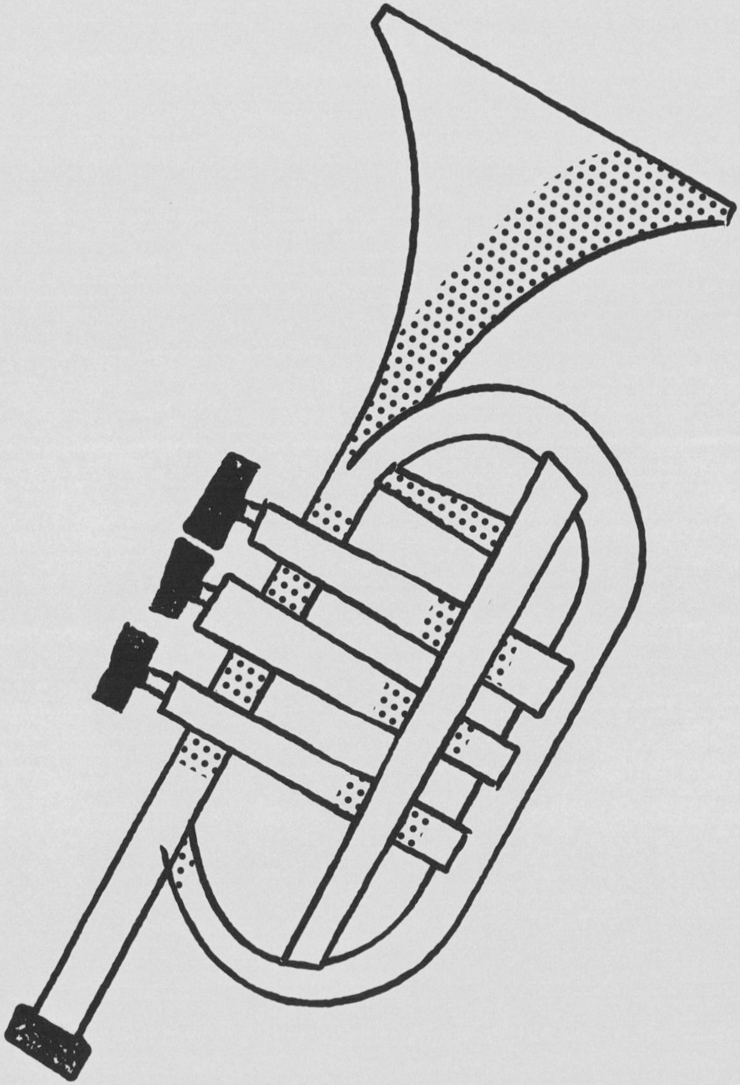

À 87 ANS, UN PETIT PÉTARD OUI, MAIS TOUJOURS AVEC MODÉRATION !

LILIANE ROVÈRE

TOUTE SA VIE, LILIANE ROVÈRE AURA ÉTÉ LIBRE. BEAUCOUP L'ONT SANS DOUTE DÉCOUVERTE DANS LE RÔLE D'ARLETTE, L'AGENT DES STARS DU CINÉMA DANS LA SÉRIE *DIX POUR CENT* DE FRANCE TÉLÉVISIONS. D'AUTRES LA CONNAISSENT PEUT-ÊTRE EN TANT QUE LUDMILA, LA MAMIE DE LA FAMILLE HAZAN DANS L'ENFUMÉE *FAMILY BUSINESS*, SUR NETFLIX. MAIS SA CARRIÈRE EST ÉVIDEMMENT BIEN PLUS VASTE : LE THÉÂTRE, LES FILMS DE BERTRAND BLIER… QUE DIRE DE SA VIE ? QU'ELLE A ÉTÉ ASSEZ FOLLE, À EN CROIRE SON AUTOBIOGRAPHIE *LA FOLLE VIE DE LILI*, PARUE EN 2019 AUX ÉDITIONS ROBERT LAFFONT. ELLE Y RACONTE SON ENFANCE DE PETITE FILLE JUIVE PENDANT LA GUERRE, SA RELATION AVEC L'ICÔNE DU JAZZ CHET BAKER, SES DÉBUTS SUR LES PLANCHES ET PAS MAL D'ANECDOTES DE FUMETTE ! D'AILLEURS, PAS BESOIN D'ALLER CHERCHER TRÈS LOIN POUR TROUVER UNE MENTION DU PÉTARD… DÈS LA TOUTE PREMIÈRE LIGNE EN FAIT : « JE LIS DES TEXTES DE NIETZSCHE EN ÉCOUTANT CHARLIE PARKER, ÇA DÉPOTE ; J'AI UN PEU FUMÉ, ÇA DISPOSE »…[1]

Bonjour Liliane Rovère.

Bonjour !

Merci de nous accueillir chez vous, dans votre appartement du IXᵉ arrondissement de Paris.

Ça me fait plaisir.

On est presque un peu intimidés…

Oh, vraiment, il n'y a pas de quoi !

1. *Liliane Rovère,* La Folle vie de Lili, *Robert Laffont, 2019, p. 11.*

On a voulu vous rencontrer car on a été interpellés par les premières lignes de votre livre. Du jazz en fond sonore, un bon bouquin entre les mains et quelques lattes sur un pétard… Alors racontez-nous, quelle a été la place du cannabis dans votre vie ?

Eh bien il m'a accompagnée toute ma vie ! J'ai commencé tôt à le fréquenter parce que je fréquentais un milieu où on fumait des pétards. C'étaient des musiciens de jazz. C'était un peu ma famille. La fumette, c'est une culture. C'est quelque chose qui relie les gens. Mais il ne faut pas sacraliser. Enfin, moi je ne sacralise rien du tout ! Je n'ai pas d'idoles. Il n'y a rien de sacré. C'est socioculturel, c'est amical, quand un copain passe à la maison… Ça ne vous apportera pas ce que vous n'avez pas, mais ça peut disposer. Ça peut un peu ouvrir.

Vous dites que vous aimez bien en allumer un avec des amis… Est-ce que c'est toujours dans ce contexte-là ou ça vous arrive aussi de consommer toute seule ?

En général, c'est quand je suis avec des copains qui fument des joints, on peut en partager un. Mais ça m'arrive aussi d'en allumer un toute seule, quand j'écris ou quand j'écoute de la musique… j'adore ça.

Qu'est-ce que ça change d'écouter de la musique quand on a consommé du cannabis ?

Hé bien, c'est un psychotrope quand même ! Mais ce n'est pas très violent, c'est doux. Ça peut disposer. Ça met comme une petite bougie. Moi je préfère l'herbe au haschich qui est plus lourd, qui est plus pesant. L'autre, c'est plus léger. C'est des questions de goût et de rapport avec ce qui se présente à vous. Moi je ne bois rien, je ne prends pas de machin pour dormir ou pour me réveiller. Je mange proprement. Je pense que je suis raisonnable. Vous pouvez en témoigner : j'ai bonne mine, je suis en forme pour l'âge que j'ai ! C'est la meilleure preuve que je n'ai pas abusé. Je fume encore à mon âge mais moins souvent qu'avant, parce que je me ménage un peu… Je fume dans une petite pipe, sans tabac ni papier pour éviter de trop m'abîmer les poumons. J'ai encore la chance de travailler, donc il faut que je reste en forme. Mais… un petit pétard de temps en temps !

[rires]

<u>Le cannabis, vous l'avez toujours consommé en le fumant ou ça vous est déjà arrivé de le tester sous d'autres formes ?</u>

Oui, sous forme de gâteau ! Enfin moi, je ne sais pas les faire.

[rires]

Un jour, un copain a fait des gâteaux, il nous en a donné mais je n'ai pas sauté dessus, ils sont restés là. Et mon chat en a bouffé. Il était groggy. J'ai appelé le vétérinaire, il m'a dit : « Il n'en mourra pas. » Mais il était dans un état !

[rires]

<u>Et alors, vous ? Est-ce que ça vous a plu ?</u>

Ah oui ça m'a plu, beaucoup, beaucoup ! Ce qu'il y a, c'est que je suis très modérée. Je ne me tape pas quatre gâteaux à la file. Je mange un demi-gâteau pour voir si ça me fait de l'effet et si c'est le cas, j'arrête. Si ça ne me fait rien, je continue. Mais je suis prudente.

Il paraît que la cuisinière de Coluche faisait les meilleurs gâteaux au cannabis de toutes la place de Paris. C'est Lio qui nous a raconté ça.

Coluche ? Ça m'étonne pas de lui !

[rires]

C'est bon les gâteaux. D'abord, on ne se met pas de fumée dans les poumons, ensuite, ça vient lentement parce qu'il faut le digérer. Et après, ça fait un effet stable et durable qui est très agréable.

Ça peut être trop fort aussi. Attention !

Trop, c'est trop ! C'est toujours pareil : si vous ne mangez que des endives, vous allez devenir une endive !

Dans le livre, vous racontez votre première cigarette, qui n'est pas une réussite – vous tombez dans les pommes. Vous racontez votre première cuite, qui finit en coma. Votre premier trip sous amphétamines, où vous avez cru mourir… Bref, beaucoup de premières expériences ! Pourtant, bien que le cannabis soit omniprésent dans votre récit, vous ne racontez pas votre première fois. Est-ce que vous vous en souvenez ?

Ah oui ! Je m'en souviens très bien. Maintenant que vous mentionnez tous ces péchés que j'ai commis, je voudrais quand même signaler que je les ai commis une fois et jamais deux. Parce que j'ai un caractère qui est disposé naturellement à ne pas être gloutonne. Je ne suis pas quelqu'un qui a besoin de finir la bouteille. Je picore, vous comprenez ? La première fois que j'ai fumé un pétard, j'étais avec deux musiciens : Jimmy Gourley, un guitariste, et un certain

James dont j'ai oublié le nom. Deux aimables garçons qui fumaient des pétards mais qui ne prenaient pas d'héroïne, qui n'étaient pas alcooliques. Ils fumaient des pétards tranquillement. Et ils m'ont fait essayer quand j'avais, je crois, 16 ans. C'était la première fois et bon… ils avaient les yeux un peu pétillants de m'avoir fait fumer !

16 ans, c'est l'âge où vous avez commencé à vous émanciper un peu du cocon familial et à aller découvrir la "vraie vie" : Paris, la nuit… et c'est là que vous rencontrez ces jazzmen qui vous ont accompagnée.

Oui, j'ai commencé à m'émanciper très vite parce que j'avais une famille qui ne me surveillait pas. Ils étaient bien en peine de le faire, de toute façon. J'avais une famille très aimante mais qui ne comprenait rien à ce que j'étais, qui ne m'a jamais posé de questions, qui ne m'a jamais rien appris, qui ne m'a jamais rien dit. Donc j'ai commencé très tôt à fréquenter des musiciens de jazz à Saint-Germain-des-Prés, parce que cette vie et ces gens-là m'attiraient.

Dans les années 1950, vous commencez donc à fréquenter les caves jazz du Quartier latin… C'est vraiment une partie passionnante de votre autobiographie. On croise les plus grands jazzmen : Charlie Parker, Count Basie… Et c'est justement dans cette tranche de votre vie qu'on retrouve le plus d'anecdotes liées au cannabis, parce que ça circulait énormément à l'époque, dans ce milieu.

Eh bien chez les jazzmen, on fumait ! Les types qui fumaient étaient pacifiques, il n'y avait jamais d'histoires avec eux. Alors que les types qui buvaient du whisky, c'était l'enfer. Je vais vous raconter un truc marrant ! Ça va vous amuser. Un jour où j'étais au club Saint-Germain, pendant une pause, je suis sortie dans la rue Saint-Benoît. Nous avions un camarade qui jouait de la batterie, qui avait une personnalité étonnante, un Manouche qu'on appelait Macaque. Il était grand, avec un air un petit peu dangereux, et très drôle ! Donc ce jour-là, il pleuvait. Il avait besoin de feu pour allumer son joint, et à cette époque-là, les gens ne connaissaient pas la fumette, ce n'était pas répandu du tout, c'était réservé à certains milieux. C'était quelque chose de privé. De nos jours, on fume partout, les gosses fument partout… C'est devenu quelque chose de préoccupant. Donc, Macaque est allé demander du feu à un flic au carrefour et il s'est fait allumer le joint par le flic, pendant que nous, on regardait en rigolant ! Et pendant que le policier lui donnait du feu, il lui pissait sur les pieds. Comme il pleuvait… le flic ne s'est rendu compte de rien !

[rires]

Quels usages avaient ces jazzmen du pétard ? Est-ce que le cannabis avait une place dans leur processus créatif ?

Je ne peux pas répondre à leur place. Je ne peux répondre qu'à la mienne. Je ne vais pas le citer mais j'avais un ami, un immense musicien, qui pouvait fumer avant de jouer : ça ne le dérangeait pas du tout, il jouait divinement. Et puis il y en a d'autres que ça dérange… Lui je vais le citer : Kenny Clarke, qui a travaillé à un moment donné avec Louis Armstrong. Kenny Clarke, c'est pas quelqu'un qui joue à côté. Mais un jour, il avait fumé du cannabis et je ne sais pas ce qu'il a fait, mais à la fin de la soirée, Louis Armstrong lui a dit : « After the gig man, after the gig » – après le boulot. On peut fumer mais après le boulot. Ça dépend comment vous le tolérez. Moi par exemple, si je fume, je vais devenir parano, je vais m'observer jouer, ça va me déstabiliser.

Je ne fume jamais, jamais, jamais avant de jouer la comédie. J'ai testé, ça ne me réussit pas. Finalement, la meilleure façon de procéder, c'est d'y aller tout nu. Enfin, pour moi. Peut-être qu'il y a d'autres personnes qui procèdent autrement. Ils ont une autre cuisine, ils ont une autre chimie. Moi, je suis comme ça.

Dans le livre, vous racontez cette période où vous suivez le trompettiste Chet Baker pendant deux ans à travers les États-Unis. Est-ce que vous accepteriez de nous lire un petit passage de votre livre, quand vous allez ensemble à Tijuana au Mexique ?

« Nous partîmes en voiture pour Tijuana, de l'autre côté de la frontière mexicaine. Chet avait pris la précaution de cacher son herbe au bord de la route, sur le chemin, pour la reprendre au retour. […] L'herbe mexicaine était très très très bonne. Chet la trouvait auprès de Manuel, un gentil garçon blond aux yeux bleus. […] Fumer de la marijuana était alors rigoureusement interdit aux États-Unis, mais à Los Angeles encore plus. C'était dangereux, on pouvait prendre deux ans de prison pour un joint. Chet était connu de la police qui l'attendait au tournant. »[2]

Dans cet extrait, il y a la menace de la police, mais quand on vous lit, on a quand même le sentiment d'une grande période de liberté, d'insouciance… Est-ce que c'est quelque chose qui est révolu ? Est-ce que sur ces questions-là, notre société est plus puritaine aujourd'hui qu'elle ne l'était dans les années 1950 ?

Hélas, dans notre société aujourd'hui, l'insouciance n'a plus cours. De la barbarie, il y en a toujours eu. J'ai connu les nazis, j'ai connu beaucoup de choses. Même quand il y avait de la barbarie, on ne

2. *Liliane Rovère,* La Folle vie de Lili, *Robert Laffont, 2019, p. 96.*

se demandait pas si le monde allait s'arrêter… Le monde est devenu très inquiétant. Je ne suis pas spécialement contente de vieillir ou de mourir, mais je suis contente de ne pas rentrer dans ce siècle, d'avoir vécu avant.

Est-ce que j'ai le droit de vous demander quel âge vous avez aujourd'hui ?

Oui, vous pouvez ! De toute façon, maintenant, tout le monde le connaît. Pendant longtemps, je faisais beaucoup moins que mon âge, j'avais l'air d'avoir 30 ans et j'en avais 45. Donc j'avais l'habitude de cacher mon âge dans le métier, parce que ça brouillait les engagements qu'on pouvait me proposer. On m'aurait dit que j'étais trop vieille pour tel ou tel rôle. Maintenant je suis au-delà, je suis tranquille, j'ai atteint des zones où on ne peut plus le cacher – et puis avec Internet, c'est terminé.

Alors quel âge avez-vous, Liliane Rovère ?

Je vais avoir 87 ans[3]. Je vous dis ça avec fierté parce que je suis la preuve vivante que je n'ai abusé de rien ! Ce n'est pas des salades que je raconte !

Et en plus à 87 ans, vous dites que vous n'avez jamais autant travaillé.

C'est vrai ! C'est grâce à *Dix pour cent*, à Antoine Garceau, à Cédric Klapisch, à Dominique Besnehard et à mes copains de la série.

---

3. *Née le 30 janvier 1933, Liliane Rovère a 89 ans au moment de la publication de ce livre.*

Si je vous pose la question de votre âge, c'est parce qu'on s'est intéressés à la consommation des seniors. Certains utilisent le cannabis pour régler les petits soucis de l'âge, les insomnies, l'anxiété, les douleurs…

Tout ça est très personnel. Moi, je n'ai pas besoin de fumer pour adoucir mes douleurs parce que je ne crois pas que ça adoucisse mes douleurs. En tout cas, je n'ai pas remarqué. Je vais vous raconter une anecdote. J'avais un cousin, qui est mort. Il avait un cancer de l'estomac et il n'arrivait pas à garder ce qu'il mangeait. C'était quelqu'un qui ne venait pas du tout de mon milieu, il était tout à fait petit-bourgeois, rien à voir avec mes goûts et mes préoccupations. Et il m'a demandé de le faire fumer. Pourquoi est-ce qu'il m'a demandé ça ? Je n'en sais rien. Peut-être qu'il savait, que je lui en avais parlé… Je lui ai roulé un joint. Il a bouffé une brioche entière et il ne l'a pas rendue ! Donc ça peut donner de l'appétit. Ça peut aussi vous conduire à manger trop. C'est à vous de trouver où vous êtes.

Vous avez des enfants, Liliane Rovère ?

J'ai une fille. Et je ne me suis jamais cachée de fumer devant elle. Je n'avais rien à cacher. Donc quand elle est allée au lycée, je lui ai dit « tu sais, si on te propose quelque chose à fumer, tu réponds "non merci, j'ai ce qu'il faut à la maison" ». Je lui ai expliqué tout ce que ça avait de mauvais et tout ce que ça avait d'intéressant. J'ai mis en regard les deux. Résultat : j'ai une fille qui ne fume pas.

Certains parents en parlent ouvertement à leur enfant, considèrent que ça fait partie d'une forme d'éducation et de prévention. D'autres, même s'ils sont consommateurs, préfèrent ne jamais évoquer le sujet…

Ils font comme ils veulent ! Moi, je parle. Je laisse rien dans le placard. Et puis surtout, je lui ai expliqué que l'excès en tout est un défaut. Si vous fumez un pétard de temps en temps, qu'est-ce que vous voulez qu'il vous arrive ? Si vous fumez quatre pétards tous les jours au réveil, ça n'ira pas. Ce genre de choses-là, ça marche si vous le maîtrisez, si vous n'êtes pas marié avec. Si ce n'est pas le truc qui vous domine. Il ne faut pas être goulu. Il faut toucher aux choses raisonnablement, dans la mesure où c'est adéquat. Adéquat, c'est un grand mot pour moi.

Comment vous expliquez que vous ayez un tel sens de la modération ?

Je ne l'explique pas. Je l'ai. Je l'ai toujours eu.

Parce que vous avez croisé au cours de votre vie énormément de personnes qui n'avaient aucun sens de la modération…

C'est vrai. Je ne sais pas comment fonctionne leur psychisme. Certainement qu'il y aurait beaucoup à expliquer sur chacun. Moi, je n'ai pas ça. Si on me donne quelque chose à fumer, je vais goûter, puis je vais le mettre là, et puis je vais l'oublier. Ça ne va pas m'obséder, je ne vais pas me dire « j'en ai encore, il faut que je le fume ! ». C'est l'avidité qui est mauvaise.

Vous êtes aussi grand-mère. Est-ce que pour vos petits enfants, mamie fume ?

Moi, je ne cache rien. Mais il y a un temps pour tout et une façon de dire les choses. On n'explique pas les choses à un enfant de 10 ans comme on l'explique à quelqu'un de 30 ans. Donc je n'ai pas dit : « Venez mes enfants, il faut que je vous apprenne quelque chose, j'ai à vous parler, asseyez-vous. » Mais quand ma petite fille avait 14 ans et qu'elle allait au lycée près des Buttes-Chaumont, je lui ai demandé : « Vous fumez des joints aux Buttes-Chaumont ? Vous buvez des coups ? Qu'est-ce que vous faites ? Raconte-moi. » Elle m'a répondu que non. Je ne l'ai pas trop crue. Donc j'ai fait attention aux petits trucs que j'ai à fumer dans le salon pour voir si elle y touchait.

[rires]

Et elle n'y touche pas, non. Elle s'en fiche, je crois. Je crois que si vous démystifiez les choses, vous leur enlevez leur attrait.

Comment faites-vous pour vous procurer du cannabis quand vous en avez envie ?

Je fais rien du tout, j'ai des copains qui se débrouillent pour moi ! Je ne trafique pas, je ne cherche pas, je ne vais pas acheter dans les rues. On s'occupe de moi.

Vous n'avez pas une plantation cachée sur votre balcon ?

Non, non, non, non, non !

[rires]

Ce qui nous emmène au dernier sujet que l'on voulait aborder avec vous. C'est la série *Family business* sur Netflix. L'histoire de la famille Hazan qui se lance dans la culture et le trafic de cannabis pour sauver sa boucherie casher. Et vous, vous jouez le rôle de Ludmila, la grand-mère… Comment vous êtes-vous retrouvée dans cette aventure ? Ce personnage, il vous a fait marrer ?

Oui, parce que c'est elle qui a la main verte ! La seule à savoir faire pousser la “pastraweed” !

[rires]

Et puis, elle est un peu comme moi quand même. Il y a des rôles vers lesquels il faut aller, qu'il faut aller chercher. Pour d'autres, il faut les tirer vers soi, se servir de soi, parce que c'est adéquat, parce que c'est ce que vous avez de mieux à faire. Pour *Family Business*, je vais chercher chez moi, dans ma cuisine à moi.

Qu'est ce qu'il y a de commun entre vous et Ludmila ?

Je crois que Ludmila, je sais pas… Vous me poussez à parler de moi là, je ne veux pas !

[rires]

Ludmila, elle n'a pas d'âge. Et moi non plus. Je ne fais pas de jeunisme, mais je n'ai pas un caractère vieux, sclérosé, acquis une fois pour toutes… Ben voilà, je suis tombée dans le panneau.

[rires]

Et puis Ludmila comme vous, vous êtes prêtes pour l'aventure.

Oui ! Mais avec raison et prudence, attention ! Faut pas être bête ! Il faut oser, mais à bon escient.

Au final, vous êtes à la fois toujours très authentique, très vous-même, et en même temps d'une espèce de souplesse infinie qui fait que vous êtes capable de vous adapter à peu près partout, de suivre quelqu'un sans vraiment vous poser de questions. Et vous restez ouverte en permanence aux possibilités, aux opportunités…

C'est vrai que je suis intuitive, instinctive. J'aime beaucoup faire confiance, mais pas aveuglement. Je fais confiance en premier et si vous me découragez, je vais me décourager.

Et est-ce que Liliane Rovère a la main verte comme Ludmila ?

Pas du tout ! Enfin si, j'ai des plantes à la maison parce que j'aime bien avoir un peu de verdure, ça m'oxygène un peu et je les soigne du mieux que je peux. Mais je ne suis pas extraordinaire, non. Et je n'ai jamais su bien rouler un joint. Je roule toujours de travers.

[rires]

Il y a des choses que je sais faire mieux que ça. Si je vous fais une soupe, elle va être bonne. Mais Chet (Baker, *ndlr*), lui, roulait de super machins !

Est-ce que vous arrêterez un jour de fumer du cannabis ?

Si mes poumons l'exigent, oui. Ah oui, absolument. J'ai un ratio risque / bénéfice et je fais en fonction. Si le ratio est du côté du risque… je peux m'arrêter demain matin. Comme je vous l'ai dit, je ne veux pas être mariée. Je ne veux pas que ce soit les choses qui me conduisent. Il faut que ça soit moi qui les conduise, à ma guise. Avec mes rennes, c'est moi qui conduis. Si je dis stop, on arrête. Je n'en fais pas une affaire. Du tout.

MAMIES & PAPIS STONERS : LA CONSOMMATION DES SENIORS

QUI A DIT QUE LA WEED, C'ÉTAIT UN TRUC D'ADOS ? DE JEUNES EN RÉBELLION CONTRE LA SOCIÉTÉ ? CERTAINEMENT PAS LA CÉLÈBRE MICHKA SEELIGER-CHATELAIN, 76 ANS. CETTE FRANÇAISE, CONNUE MONDIALEMENT COMME "LA GRANDE DAME DU CANNABIS", EST L'AUTRICE DE PLUSIEURS LIVRES CULTES SUR LA PLANTE, DONT LE PREMIER PARU EN 1978. MAIS IL N'Y A PAS QUE LES ANCIENS HIPPIES DES SEVENTIES ! DE PLUS EN PLUS DE SENIORS ONT RECOURS AU CANNABIS POUR ADOUCIR LEUR QUOTIDIEN, À UN ÂGE OÙ LA VIE N'EST PLUS TOUJOURS TRÈS TENDRE.

Si en France, on manque comme d'habitude de données, aux États-Unis, les études se sont multipliées : d'après celle menée par l'entreprise Verilife[1], les *boomers* de 57 à 76 ans sont deux fois plus nombreux à consommer du cannabis à des fins médicales que les *millennials* (de 22 à 38 ans), plus portés sur le récréatif.

Car la question thérapeutique est la première qui se pose quand on parle de nos vieux. C'est un enjeu majeur face aux désagréments de la vieillesse et à des pathologies parfois plus lourdes. La France a d'ailleurs lancé son expérimentation du cannabis médical sur 3000 patients début 2021.

« Quand on regarde dans les pays où le cannabis médical voire le cannabis tout court a été légalisé, on s'aperçoit que les sujets

1. *« Étude : les boomers font davantage un usage médical du cannabis que les millenials », Newsweed.fr, 7 août 2020.*

âgés sont de plus en plus consommateurs. Ils vont y trouver un bien-être face à l'anxiété, aux troubles du sommeil et aux petites douleurs »[2], observe le docteur Pascal Douek, médecin et auteur du livre *Le Cannabis médical, une nouvelle chance*[3].

Mais concrètement docteur, comment fait-on dans un pays où le cannabis reste illégal ? Vous n'allez tout de même pas prescrire une drogue ?! Pour Pascal Douek, « on est difficilement en posture de pouvoir accompagner les patients là-dessus. Parce que toute personne qui achète du cannabis de manière illégale ne sait pas ce qu'il achète. Donc comment voulez-vous qu'un médecin puisse interférer dans l'utilisation d'un produit qu'il ne connaît pas ? Le médecin ne sait pas ce que le patient prend, le patient ne sait pas ce qu'il prend, et même le dealer, s'il y a un dealer derrière, ne sait pas ce qu'il vend. »[4]

Alors c'est la débrouille, l'illégalité forcée et certains médecins qui se mouillent : « À un moment donné, un médecin n'en pouvait plus de me voir souffrir. J'ai tout simplement fumé un joint, je n'y croyais absolument pas et j'ai été soulagée en un quart d'heure », témoigne Mado Gilanton[5], 67 ans, présidente de l'association Apaiser, qui souffre de deux pathologies rares de la moelle épinière et du cervelet. Évidemment, il faut rappeler que fumer n'est jamais recommandé et qu'un usage thérapeutique à base de gouttes ou de gélules sera plus approprié.

Mais quand on n'a pas le choix, qu'est-ce qu'on fait ? Comment fait-on pour se fournir ? La réponse est toujours la même : le marché

2. *Podcast* Banana Kush *#13, 20 octobre 2020.*
3. *Solar, 2020.*
4. *Podcast* Banana Kush *#13, 20 octobre 2020.*
5. *Idem.*

noir et l'aide précieuse des petits-enfants pour aller faire les courses de mamie. « Est-ce que c'est normal que ce soit un mec de 15 ans qui me vende du cannabis ? »[6] demande Fabienne, 65 ans, fondatrice de Principes Actifs, une association qui milite pour la légalisation du cannabis thérapeutique. Poussés dans leurs derniers retranchements, les vieux qui veulent éviter ça n'ont plus le choix : mettre à profit leur main verte et faire pousser de jolis pieds de weed au milieu de leurs rosiers ! C'est le choix qu'a fait Claude[7] et qui lui a porté préjudice : « Je vis seul à 66 ans au fin fond de la campagne, je fais pousser ma propre consommation. Je vais passer au tribunal pour usage et détention. Je vais devoir m'expliquer avec ce substitut de procureur, et j'ai l'aplomb nécessaire. J'estime qu'à mon âge, je n'ai pas à me justifier, je m'en fous. »[8] Prends ça, p'tit con ! Et respecte tes anciens !

6. *Idem.*
7. *Prénom modifié à sa demande.*
8. *Podcast* Banana Kush *#13, 20 octobre 2020.*

MES DEALERS SONT DES CONNAISSEURS.

MATHIEU KASSOVITZ

ACTEUR ET RÉALISATEUR, MATHIEU KASSOVITZ EST UN PERSONNAGE À PART DANS LE CINÉMA FRANÇAIS. EN RÉALISANT *LA HAINE* EN 1995, IL SIGNE UN FILM CULTE, DRESSANT POUR LA PREMIÈRE FOIS LE PORTRAIT D'UNE JEUNESSE FRANÇAISE OUBLIÉE, CELLE DES "QUARTIERS". CONNU POUR SES PRISES DE POSITION ET SES SORTIES FRACASSANTES SUR LES RÉSEAUX SOCIAUX, "KASSO" N'A JAMAIS CACHÉ SON GOÛT DE LA BONNE HERBE. MAIS DEPUIS 2015, C'EST UN COSTUME D'ESPION QU'IL A ENFILÉ, DANS LE RÔLE DE MALOTRU DE LA SÉRIE *LE BUREAU DES LÉGENDES* SUR CANAL+. UN RÔLE QUI LUI VA COMME UN GANT, ALORS QU'ON A PU LE DÉCOUVRIR AU CINÉMA PORTANT D'AUTRES GANTS, CEUX D'UN BOXEUR DANS *SPARRING* EN 2017… LUI QUI NE SEMBLE PAS, À PREMIÈRE VUE, AVOIR L'HYGIÈNE DE VIE D'UN CHAMPION…

Mathieu Kassovitz, bonjour.

Bonjour.

Quel fumeur de cannabis êtes-vous, Mathieu Kassovitz ?

Il ne faut pas que la police se serve de cette interview pour m'arrêter après !

[rires]

Non, je suis un gros fumeur. Mais j'ai eu la chance de ne pas fumer jeune : j'ai commencé à 25 ans. Et je suis un défenseur du cannabis depuis une dizaine d'années.

Pour quelle raison avez-vous commencé le pétard un beau jour à 25 ans ?

Comme tout le monde ! On a tous besoin d'échapper à la dure réalité de la vie, d'arrondir les angles… Il y a ceux qui le font avec des médocs, ceux qui le font avec des drogues dures, d'autres avec de l'alcool – la majorité avec de l'alcool d'ailleurs ! Moi, personnellement, je ne bois pas. L'alcool ne me va pas. Et quand j'ai découvert le haschich et le cannabis – enfin, la weed – j'ai trouvé quelque chose qui m'allait bien, avec lequel je pouvais continuer à être productif et qui m'aide à accepter un peu mieux le monde qui nous entoure.

Vous vous souvenez de votre tout premier joint ?

Le tout premier, j'avais 13 ans. Tout pile le jour de mes 13 ans ! Il m'a rendu malade et je n'y ai plus touché ensuite pendant 12 ans.

Ce que vous recherchez dans le haschich, c'est l'aspect relaxant ? À apaiser vos angoisses ?

Oui, mais le problème du haschich, du THC, c'est que ça vous met bien seulement si vous êtes bien ! Et si vous êtes mal… ça vous met mal. Donc c'est quelque chose qui doit s'apprendre. On ne réagit pas tous de la même façon au même produit. Donc il faut savoir ce qui est bon pour soi et la façon dont il faut l'utiliser. Après, comme pour toutes les addictions, le principal c'est de les commencer le plus tard possible. Et si ça fait du mal à votre vie, il faut arrêter. Mais si ça ne vous empêche pas de vivre, pourquoi arrêter ?

Aujourd'hui, ça vous fait du bien ?

Je suis quelqu'un qui fume beaucoup mais qui est capable d'arrêter de fumer quand j'en ai besoin, par exemple pour le travail, ou pour être plus focus. C'est une drogue de paix. Il faut s'en servir comme telle. Ce n'est pas une drogue d'agressivité. Si on est énervé, il ne faut pas fumer. Il faut savoir pourquoi on fume. Il faut être dans un certain esprit pour pouvoir accepter cette drogue-là.

Ça veut dire que votre consommation est totalement sereine et maîtrisée ?

J'aimerais qu'elle soit plus maîtrisée ! Je préfèrerais réduire à deux joints par jour. Mais j'ai la chance d'avoir une constitution spéciale : je peux fumer trois joints avant d'aller m'entraîner à la boxe ! Après deux heures d'entraînement, quand je dis à mon coach que j'ai fumé avant et que je lui demande s'il faut que je fasse l'effort d'arrêter, il me dit : « Non. Si ça te décontracte, si tu arrives plus relâché, que c'est plus organique, fais ce qui est bon pour toi. »

Trois joints avant un entraînement de boxe, un peu comme Hubert dans *La Haine*… Vous êtes un surhomme en fait !

[rires]

À 8 heures du matin, surtout ! Mais vous savez, c'est un décontractant. Et encore une fois, je pense que le sport est un marqueur important. Si vous ne pouvez plus faire de sport, il faut arrêter la chose qui vous détruit. Si vous buvez, si vous faites la fête, mais que vous êtes capable de vous réveiller à 9 heures et d'aller faire deux heures de sport, si vous êtes capable de sublimer votre état, pourquoi pas ! Pas de problème. Mais le jour où vous ne pouvez plus faire ce qu'il y a à faire, il faut commencer à vous poser des questions.

Ce n'est pas évident, aujourd'hui en France, d'être une personnalité publique et de dire publiquement comme vous le faites : « Je m'appelle Mathieu Kassovitz, je fume du cannabis. »

Pourtant, je vous garantis que tous les acteurs fument. Tout le monde fume !

Alors pourquoi ont-ils tant de mal à le dire ?

Parce qu'ils ont peur du gendarme. Et qu'ils ont peur de moins vendre d'entrées. Je pense qu'ils ont tort. Je pense que c'est une erreur de ne pas affirmer qui on est, juste pour préserver le bourgeois. Notre pays est le plus gros consommateur d'Europe. Je pense que c'est complètement absurde de ne pas en parler. Vous avez raison de faire une émission là-dessus. On aurait dû être le premier pays d'Europe à s'ouvrir au cannabis.

Pourquoi ?

Parce que ça fait partie de notre culture ! De notre culture de bons vivants. On devrait être ce pays-là.

Est-ce que vous vous considérez comme un militant ? Déjà au moment de la sortie de *La Haine* en 1995, vous êtes allé sur le plateau de l'émission *Bouillon de culture* de Bernard Pivot avec une casquette décorée d'une feuille de cannabis… C'était de la provocation ou un acte militant ?

Je pense que c'était un acte militant… Dans le sens où fumer de l'herbe dans la société aujourd'hui, en France, c'est l'acte de rébellion le plus pacifique que vous puissiez faire. C'est dire : « Je refuse, d'une manière pacifique, votre façon de voir le monde. »

Il y a un mème sur Internet qui représente un vieux en train de fumer un oinj, on lui demande : « Pourquoi tu fumes ? » Et il dit : « Les gars, soyez heureux qu'on fume parce que ça évite qu'on vous casse la gueule. » Et c'est vrai que ça nous retient, nous, les rebelles, les gens qui on envie de tout casser ! Ça nous maintient en paix avec le monde qui nous entoure. Mais en même temps, je ne suis pas militant dans le sens où je ne vais pas aux manifs pour le cannabis. Je ne veux pas convaincre les gens de fumer du cannabis. Mais je suis contre cette chasse aux sorcières qui rend difficile la vie des consommateurs. Si les gens prenaient plus de CBD, cette molécule extrêmement efficace pour se relaxer, et prenaient un peu moins de Temesta[1] et de ces putain de conneries… On a des contrôles de police pour le cannabis et l'alcool mais s'il vous plaît, contrôlez les pilules ! Contrôlez les drogues vendues en pharmacie sur lesquelles il est écrit : « Attention, danger, ne pas conduire ! » Tout le monde est sous antidépresseurs et sous anxiolytiques. C'est la justice à deux vitesses que je n'aime pas.

D'ailleurs aux États-Unis, des études ont montré que dans les États où le cannabis thérapeutique est autorisé, la prescription d'anxiolytiques ou d'antidépresseurs a considérablement chuté…

Mais évidemment ! Le cannabis est une médecine. Avant d'être une drogue, c'est une médecine. Ça peut vous aider pour plein de choses. Les molécules de THC, de CBD… C'est prouvé scientifiquement que ça peut vous aider à mieux vivre. Vous pouvez vous passer de plein de médicaments avec le cannabis. C'est une plante merveilleuse qui sent bon, qui est magnifique, qui pousse naturellement avec de l'eau et de la terre. Vous n'avez besoin de rien d'autre. C'est un cadeau de la Terre. Et je pense qu'on doit l'utiliser dans le meilleur des sens.

1. *Marque d'anxiolytiques de la famille des benzodiazépines.*

On évoquait *La Haine* tout à l'heure… Dans le film, Saïd et Hubert passent pas mal de temps à fumer quand ils zonent. Le shit est presque un personnage secondaire, il fait partie du décor de cette banlieue. Comment on filme ça ?

Dans le film, il y a une scène où ils se roulent un joint. Après, ils fument de temps en temps, parce qu'on se fait chier dans une cité, donc on fume. Il vaut mieux fumer que boire. Les mecs qui boivent, vous les retrouvez quelques années plus tard, complètement défoncés à des drogues plus dures. Le haschich, c'est une culture traditionnelle au Maroc, au Maghreb, et qui a été ramenée en Europe avec les migrations. Les grand-pères fument quand tu vas au Maroc. Ils fument comme on boit un verre de cognac ici, c'est pas plus dangereux ou plus méchant que ça. Donc cette culture, elle appartient à cette jeunesse-là et on ne peut pas lui retirer. On ne peut pas la condamner pour ça. Maintenant, ce qu'on peut condamner, c'est le trafic qu'il y a autour, c'est la violence que ça inspire. Et c'est pour ça qu'il faut légaliser.

Laisser faire le trafic, est-ce que ce n'est pas aussi pour les autorités une façon d'acheter la paix sociale : tous ces jeunes qui n'ont rien d'autre, aucune autre perspective, ils survivent en faisant les guetteurs, en vendant…

Mais transformons-les en entrepreneurs ! Légalisons le cannabis et permettons à ces petits jeunes qui ont déjà les contacts et qui sont déjà assez malins pour pouvoir faire rentrer ce produit et en faire du commerce, d'officialiser leur truc, de sortir de l'illégalité et de payer des impôts. Payer des impôts ! C'est là que l'État fait une erreur. C'est une énorme manne d'argent, qui pourrait être redistribuée dans le social d'une manière intelligente et efficace. Et je ne pense pas que ça posera problème au quotidien en France, pays qui fume déjà massivement.

Vous, vous fumez quand vous travaillez, quand vous jouez ?

Je fume tout le temps.

Et quand vous jouez, ça ne vous dérange pas ? Vous n'avez pas de problèmes pour vous souvenir de vos textes ?

Ça m'est arrivé de mener des projets pour lesquels j'avais besoin d'être extrêmement pointu, ou pour lesquels je devais montrer aux gens avec qui je bossais que j'étais droit dans mes bottes, en capacité d'arrêter très facilement. Je l'ai fait. Mais je fais le choix de continuer à fumer, parce que je préfère être *high* que ne pas l'être, tout simplement. Encore une fois, j'ai une constitution spéciale qui me permet de faire ça… Quand j'ai tourné en Californie, à la fin du tournage, le producteur m'a qualifié de fumeur le plus productif qu'il ait jamais connu ! Parce que même si j'ai fumé dès 6 heures du matin au réveil, je suis extrêmement pointu, je connais mon métier, je fais ce que j'ai à faire. Mais il faut se connaître.

Mais aussi connaître la substance et l'effet qu'elle nous fait…

Tout à fait ! Fumer du cannabis, ce n'est pas juste une consommation de drogués. C'est un plaisir. Mes dealers sont des connaisseurs qui sont aussi pointus qu'un bon œnologue. Ils savent d'où provient tel ou tel produit, de quelles molécules il se compose. Ils ont un véritable amour de la fleur et ils connaissent leur métier. C'est un plaisir de parler avec eux, de tester leurs produits. C'est pas du tout, comme on peut l'imaginer, quelque chose de honteux. Je ne vais pas acheter de la drogue à des dealers armés en bas des cités. Ça n'a rien à voir avec ça. Au contraire, c'est une philosophie.

Et l'espion Malotru dans *Le Bureau des légendes*, on peut dire qu'il est mis sous pression… Est-ce que, d'après vous, il fume pour décompresser ?

Je ne peux pas trop vous dire, mais il se passe quelque chose dans la saison 4… J'ai demandé à Éric (Rochant, le créateur de la série, *ndlr*) : « T'es sûr de ton coup ? » Il m'a dit : « Ouais ouais ! » Mais les espions sont des militaires, et les militaires ne fument pas. Justement, j'ai travaillé à Hawaï pour *L'Ordre et la morale* où je jouais un mec du GIGN… Hé ben les mecs du GIGN ne fument même pas de cigarette parce que c'est trop distrayant ! Donc évidemment, pas de joints. Je suis arrivé au tournage sur l'île de Maui, où il y a l'herbe la plus réputée du monde, la plus difficile à trouver parce que c'est à l'autre bout de la planète ! Et j'ai dit à toute l'équipe : « Personne ne fume autour de moi. Je suis en ambiance militaire. Je ne fume pas, je ne bois pas, je travaille, je me réveille tous les matins à 5 heures, je fais deux heures de sport et je vais vous montrer, tous les jours, vous avez intérêt à me suivre. » La première personne que j'ai chopée en train de fumer un pétard, je l'ai virée ! Dans un moment comme ça, t'es obligé d'être un leader. Le seul truc que je n'ai pas réussi à arrêter pendant cette période-là, c'est de fumer des cigarettes.

C'est plus compliqué ?

C'est une horreur de fumer des cigarettes. C'est bourré de produits chimiques. C'est fou de voir que quand on achète un paquet de cigarettes, il y a écrit : « Arrêtez de fumer, vous allez mourir. Vous allez être impotent. Vous allez perdre vos dents », avec des images absolument affreuses. Pourtant, c'est légal. La vraie drogue, c'est le tabac.

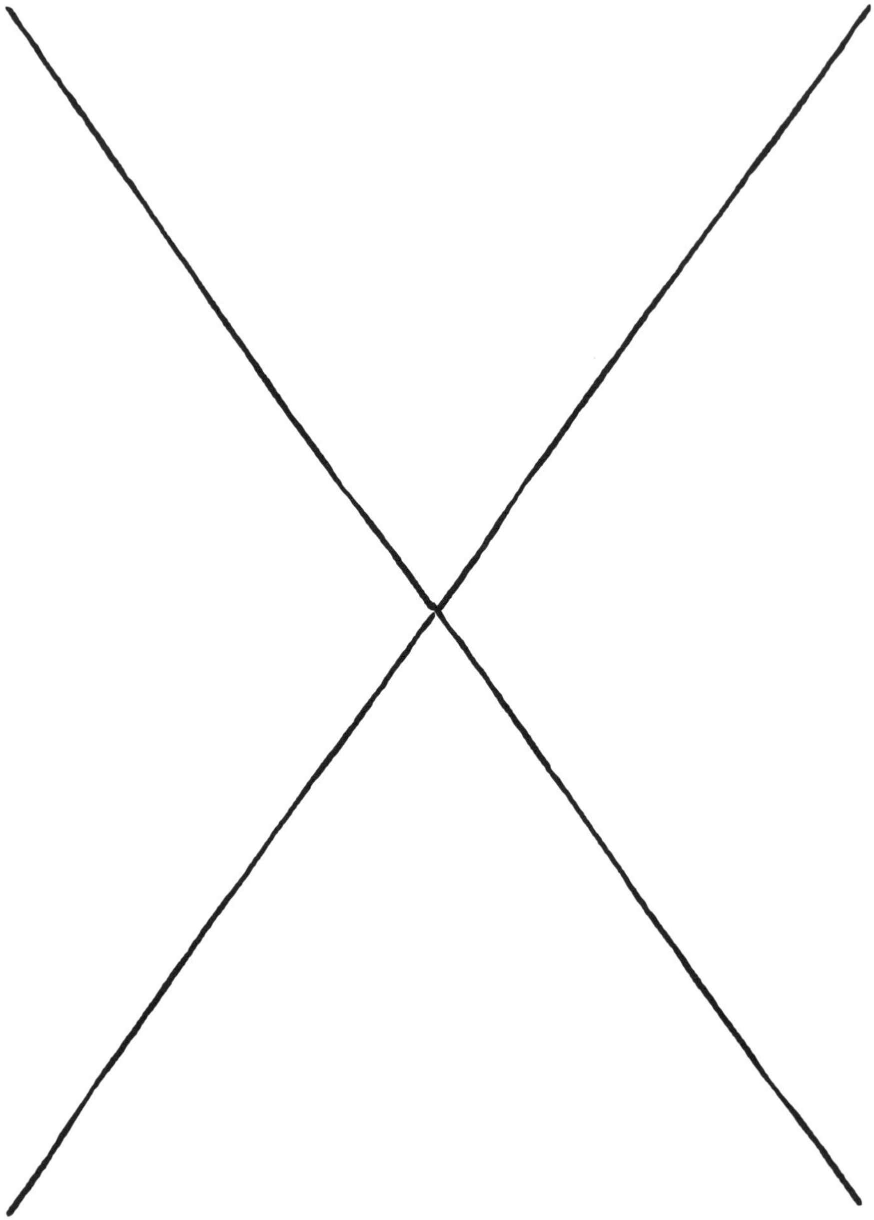

CANNABIS & SPORT : À FOND LA FUME !

LE PÉTARD, SYNONYME DE FAUX-DÉPART ? À PART AU LIT, OU PEUT-ÊTRE SUR PLAYSTATION, LE CANNABIS N'EST PAS LE PREMIER PRODUIT AUQUEL ON PENSE POUR DOPER LES PERFORMANCES SPORTIVES. ET POURTANT, MATHIEU KASSOVITZ TYSON S'ENVOIE TROIS PÉTARDS AVANT D'ENFILER LES GANTS ! LE POUMON D'OR DU RING ! ET SON CAS EST LOIN D'ÊTRE ISOLÉ : ON SE SOUVIENT DES SUSPENSIONS POUR TEST POSITIF AU THC DE NOS CHAMPIONS DU MONDE DU FOOT, LES GARDIENS DE BUT BERNARD LAMA ET FABIEN BARTHEZ. MICHAEL PHELPS, LE PLUS GRAND MÉDAILLÉ DE L'HISTOIRE DES JO, S'EST MONTRÉ COMME UN POISSON DANS L'EAU QUAND IL S'AGISSAIT DE SE COULER UN BANG. NICK DIAZ, LE NINJA DE L'OCTOGONE[1], N'A JAMAIS CACHÉ SON AMOUR DU PILON EN MÊME TEMPS QUE CELUI DE LA BASTON. ET QUE DIRE DE CLIFF ROBINSON, L'*UNCLE CLIFF* DE LA NBA, QUI APRÈS AVOIR ÉTÉ SUSPENDU TROIS FOIS, A FINI PAR LANCER SA PROPRE MARQUE DE WEED ?

DANS LES SPORTS DE COMBAT, LA WEED EST CARRÉMENT ENDÉMIQUE, À TEL POINT QUE L'UFC, LA PLUS IMPORTANTE LIGUE AMÉRICAINE DE MMA, A ARRÊTÉ DE SANCTIONNER LES COMBATTANTS CONTRÔLÉS POSITIFS. ALORS, CANNABIS ET SPORT SONT-ILS SI INCOMPATIBLES ? ON EN A DISCUTÉ AVEC LE DOCTEUR JEAN-PIERRE DE MONDENARD. MÉDECIN DU SPORT, INTERVENU SUR LES PLUS GRANDES COMPÉTITIONS ET NOTAMMENT SUR LE TOUR DE FRANCE, IL EST L'AUTEUR DE DIZAINES D'OUVRAGES SUR LE DOPAGE. UNE ENCYCLOPÉDIE VIVANTE DE LA TRICHE PHARMACEUTIQUE…

« La France prohibe le cannabis à partir de 1991 dans les compétitions sportives. Mais problème : il n'y a pas de seuil fixé, donc personne n'est

1. *Combattant américain de MMA, Mixed Martial Arts, sport de combat réputé particulièrement violent.*

épinglé ! À partir de 1999, le Comité international olympique (CIO) décide d'inclure le cannabis dans la liste des produits dopants, avec un seuil à 15 nanogrammes par millilitres. De nombreux sportifs vont donc se faire épingler, d'autant plus que ce produit reste dans les urines pendant plusieurs jours. À tel point que dans les années 2000, deux tiers des contrôles anti-dopage positifs dans les grandes compétitions internationales le sont au cannabis ! Comme cela donne une mauvaise image du sport de haut niveau, le CIO passe le seuil à 150 nanogrammes par millilitres. Résultat : plus grand monde ne se fait épingler, et voilà comment on évacue un problème ! Le cannabis est un produit dopant, comme toutes les substances qui agissent sur le système nerveux central. Il modifie votre comportement face à la compétition : il rend plus euphorique, il désinhibe… D'ailleurs, dans un livre sur la tauromachie paru en 1960, l'auteur raconte que le torero fume un joint avant de pénétrer dans l'arène ! Et il note en bas de page : « haschich = doping ! » Il consomme du cannabis pour mieux affronter le taureau, pour ne pas avoir peur. Des tas de témoignages de sportifs vous diront qu'ils ont remporté de grandes compétitions grâce au cannabis. Des boxeurs vous diront qu'ils étaient nettement meilleurs sous cannabis ! À la fin des années 1990, il y a eu une épidémie chez les gardiens de football. Quand vous êtes dans votre cage, vous avez derrière vous des gens qui vous crient dessus, vous jettent des trucs, vous traitent de tous les noms… Le cannabis permet d'affronter ce genre de combat. »[2]

THC = doping ! Voilà qui est clair. Mais le CBD alors ? L'agence mondiale anti-dopage l'a retiré fin 2017 de sa liste des produits prohibés. La molécule a montré ses bienfaits en termes de récupération, de décontraction musculaire et d'anxiolytique face aux stress ~~des exams~~ de la compète. L'industrie du CBD place déjà ses pions dans de nombreuses disciplines (sports de combat, de glisse…). De plus en plus d'athlètes sont carrément sponsorisés par des marques de CBD. Le sport, nouvel eldorado du cannabis légal ?

2. *Podcast* Banana Kush *#28, 30 juin 2021.*

LE CANNABIS EST UNE PLANTE-MAÎTRE, IL FAUT LA RESPECTER.

JAN KOUNEN

JAN KOUNEN EST UN HOMME DE CINÉMA, MAIS SURTOUT UN TOUCHE-À-TOUT, UN EXPÉRIMENTATEUR, UN ICONOCLASTE. PASSÉ DU FILM D'ACTION À LA COMÉDIE SATIRIQUE, IL A EXPLORÉ LE DOCUMENTAIRE COMME LA RÉALITÉ VIRTUELLE. *99 FRANCS, COCO CHANEL ET IGOR STRAVINSKY, MON COUSIN…* IL N'A JAMAIS CESSÉ DE BRISER LES CODES DU CINÉMA, DANS LES THÈMES ABORDÉS COMME DANS SA FAÇON DE LES FILMER, LUI QUI AIME RECRÉER À L'ÉCRAN L'EXPÉRIENCE SENSORIELLE DES SUBSTANCES PSYCHOTROPES. ON L'A DÉCOUVERT À LA FIN DES ANNÉES 1990 AVEC MONICA BELLUCCI ET UN VINCENT CASSEL EN *DOBBERMAN* VIOLENT. QUELQUES ANNÉES PLUS TARD, IL A FAIT TRIPPER LE MÊME VINCENT CASSEL SOUS AYAHUASCA DANS *BLUEBERRY*. L'AYAHUASCA EST JUSTEMENT DEVENUE L'UNE DE SES OBSESSIONS, AVEC D'AUTRES PLANTES PSYCHOTROPES AMAZONIENNES À L'USAGE TRADITIONNEL. IL L'A FILMÉE, REFILMÉE, GOÛTÉE ET REGOÛTÉE DANS UNE DÉMARCHE D'APPRENTISSAGE SPIRITUEL ENTAMÉE IL Y A MAINTENANT PLUS DE 20 ANS. ET LE CANNABIS DANS TOUT ÇA ? PEUT-ON ENCORE APPRÉCIER LA FUMETTE QUAND ON A GOÛTÉ AU VOYAGE COSMIQUE DES BREUVAGES INDIGÈNES ? ON A POSÉ CES QUESTIONS AU RÉAL LE PLUS BARRÉ DU CINÉMA FRANÇAIS. BON VOYAGE…

Jan Kounen, bonjour.

Bonjour.

Quel fumeur de cannabis êtes-vous, Jan Kounen ?

Je n'en fume plus depuis presque 20 ans. Et la première fois, c'était assez tardif : j'avais 17 ou 18 ans. On était partis avec des potes dans les montagnes, avec une vieille Volkswagen noire mate peinte à la bombe. On s'est allongés pour regarder les étoiles car je tenais à fumer mon premier joint face à la voûte lactée. Bon après, comme la salade de riz était restée dans le coffre de la Volkswagen et que c'était en plein été, on s'est tous pris une intoxication alimentaire ! Mais jusque-là, l'expérience était bonne. Le danger venait plutôt de la salade.

[rires]

J'ai l'impression qu'on passe tous par ce genre d'étape, c'est toujours un peu les mêmes histoires. Fumer dans la voiture ou en cachette, et d'un coup des gens débarquent et on commence à flipper. J'ai énormément de souvenirs de ce type.

<u>Donc déjà à 18 ans, vous faisiez un lien entre une substance comme le cannabis et quelque chose de plus grand, la nature, le cosmos ?</u>

Oui et maintenant que je regarde en arrière, je me dis que c'est assez dingue ! Je pense que les plantes et les Hommes ont une histoire, que c'est inscrit en nous. À l'époque, j'étais passionné par un roman qui s'appelle *Dune*[1]. Dans *Dune*, il y avait l'Épice, que j'ai toujours vue comme une métaphore des plantes. Je ne connaissais pas encore les écrits de ceux qui avaient travaillé sur la dimension sacrée des plantes, mais l'Épice m'a profondément marqué. Quand je suis allé en Amazonie, j'ai compris pourquoi. Les plantes nous aident à ressentir notre place dans le cosmos.

<u>Et cette expérience du cannabis face à l'immensité de la Voie lactée, c'était comment ?</u>

C'est intéressant de regarder ce que ça provoque en nous : une expansion des sens, une dissolution du soi, la capacité de notre

1. Dune, *Roman de science-fiction de Frank Herbert paru en 1965.*

imaginaire à être projeté où l'on désire qu'il soit projeté… Le cannabis fait beaucoup travailler le mental, il vous permet de naviguer dans des espaces que vous pouvez matérialiser par la force de votre imaginaire. Et on devient aussi plus alerte sensoriellement. On est tous déjà tombés dans de l'angoisse ou de la parano. Mais je pense que c'est en fait une question de connaissance : cette plante vous amène à vous sentir plus vivant et du coup, vous rappelle que vous êtes mortel. Ça peut réveiller des peurs. Ça ouvre les placards. Quand on dit que l'herbe rend parano ou que quelqu'un devient lourd quand il a bu de l'alcool, je pense qu'on se trompe. Je pense que ni l'alcool ni l'herbe ni aucun psychotrope ne va vous transformer en quelque chose. Ils ne font que libérer une partie de vous-même. Et cette partie n'est pas forcément très belle. Moi je ne pratique pas l'ivresse récréative et conviviale, je n'ai recours aux psychotropes que d'un point de vue médicinal, avec les Indiens. Et quand je vois quelqu'un en société qui a un peu trop fumé ou qui a un coup dans le nez, je me dis toujours que c'est une mine d'informations sur sa vraie nature. Il révèle à ce moment-là un espace caché qu'il a en lui. Positif ou négatif.

Après cette première expérience, quel fumeur avez-vous été, quels usages en avez-vous eus ?

Ce n'était pas régulier. Quand c'était planifié, c'était toujours pour faire quelque chose : des aventures avec les potes, pour aller voir un concert ou un film, faire une ballade… Ça faisait partie du voyage. On projetait un film sur un grand écran avec des potes et on fumait. Il faut bien choisir le film. Quand on regarde du cinéma, on est encore plus connecté émotionnellement au personnage, à l'histoire… ou au contraire, on voit complètement tout ce qui est fabriqué. On a une certaine acuité, qui va dans un sens ou dans un autre.

Mais vous vous souveniez des films que vous regardiez après avoir fumé ? Parce que ça peut aussi être un problème !

[rires]

Oui, je m'en souviens ! C'était des challenges, on était des expérimentateurs. J'ai de très bons souvenirs en regardant *La Forêt d'émeraude* sur un grand écran. Et puis *L'Exorciste*, disons que j'ai des souvenirs un peu plus difficiles… Pour moi, ça a aussi été inspirant à certains moments de la fabrication d'un film. J'ai fumé jusqu'à *Dobermann* (1997, *ndlr*) inclus. Je regardais le montage en ayant fumé un peu et tout d'un coup j'avais des idées qui me venaient. J'avais l'impression de voir le film d'un autre, je prenais de la distance par rapport au film. J'ai essentiellement utilisé le cannabis d'un point de vue créatif.

Dans vos films, vous avez souvent essayé de traduire à l'écran l'expérience d'un trip sous produit psychotrope. Est-ce que vous pourriez vous amuser à reproduire l'expérience du cannabis au cinéma ou ce n'est pas assez psychédélique ?

Ce n'est peut-être pas assez psyché pour moi !

[rires]

C'est vrai que j'ai souvent métabolisé au cinéma des expériences modifiées de conscience. Mais si on y réfléchit, tout le monde le fait ! En fait, le cinéma lui-même est une expérience de conscience modifiée. Si tu coupes le son et que tu te rapproches au ralenti d'un personnage, en soi c'est déjà un peu comme avoir fumé ! Si tu fumes, d'un seul coup tu vas te focaliser sur ton chat, le voir comme un félin, avoir l'impression que c'est la première fois que tu le vois et qu'il va te sauter dessus. Tu fais une espèce de travelling avant et il se transforme… Sensoriellement, le cinéma utilise dans son langage des choses propres aux états modifiés de conscience qu'on peut connaître avec les plantes.

À quel moment avez-vous arrêté le cannabis et pourquoi ?

Quand je suis allé en Amazonie, où j'ai fait la rencontre d'un guérisseur, j'y ai découvert des plantes beaucoup plus fortes avec lesquelles j'ai tissé une vraie relation. C'était il y a 20 ans et ça continue aujourd'hui. J'ai notamment découvert qu'il faut faire attention à ne pas mélanger les plantes entre elles. Tu ne vas pas fumer et consommer plusieurs plantes en même temps. Pour moi, le cannabis est une plante-maître, il faut la respecter. Je suis presque un peu conservateur sur le sujet, mais disons sur un mode "indigène". Fumer juste comme ça, pour rigoler, ne permet pas de taper dans les bons espaces de cette plante. C'est une plante difficile d'accès, qui active beaucoup le mental. C'est compliqué d'expérimenter quelque chose de plus profond que son propre imaginaire. Une plante, ça se diète[2]. Si aujourd'hui je voulais fumer, il faudrait que je diète cette plante, c'est-à-dire que j'établisse une relation avec elle et un *modus operandi*. Les Indiens disent qu'une fois que tu as diété une plante, tu l'as avec toi, tu as les énergies de la plante avec toi. Savoir le faire demande beaucoup de travail. Et mélanger de l'herbe au milieu de tout ça risque vraiment de foutre le bordel.

Donc il n'y a pas eu de désamour entre vous et le cannabis ? Vous êtes juste tombé trop amoureux de l'ayahuasca pour continuer…

De l'ayahuasca et d'autres plantes en Amazonie. Mais ça n'est pas

---

2. Méthode traditionnelle de préparation du corps et de l'esprit, suivant un rituel défini, un régime alimentaire et des règles psychocorporelles strictes.

exactement ça. Je vais vous raconter ce qui s'est produit. Un soir au tout début des années 2000, un ami était de passage à la maison. Il allume un joint, je tire juste une taffe mais il était très fort. On passe une soirée sympathique, on rigole. C'était fort mais maîtrisable.

[rires]

Et à un moment donné, je suis allé prendre une douche, quand tout d'un coup, j'ai été plaqué contre la paroi. Ou j'ai cru être plaqué contre la paroi ! En tous cas, j'ai été saisi par une vision de l'herbe de cannabis qui me secouait et qui me gueulait dessus : « Mais comment tu me traites là ? T'es en amour de toutes mes copines les autres plantes et moi je suis juste une rigolade de passage ? » J'ai passé la soirée à apaiser ça… Quand j'y repense maintenant avec du recul, je me dis que c'était un peu zinzin ! Mais j'ai compris que si je voulais relationner avec cette plante, il fallait que j'y mette beaucoup d'énergie. Et je mettais déjà de l'énergie dans les plantes, dans les films… Mais je connais des gens qui l'ont fait et qui ont diété la Marie-Jeanne, avec les Indiens. Et là les gens qui nous lisent doivent se dire : « Oh putain, lui il est grave perché ! »

[rires]

<u>Comment êtes-vous parti en Amazonie et comment êtes-vous tombé amoureux des plantes que vous avez découvertes là-bas ?</u>

Ayant fumé par le passé, je sentais déjà qu'il y avait quelque chose autour des plantes. Puis j'ai commencé à m'intéresser à l'Inde et à l'idée d'état de conscience modifié. J'ai été surpris de découvrir qu'il y avait autant de plantes psychotropes. L'ayahuasca est interdite en France, elle figure au tableau I des drogues[3] – c'est bien de le rappeler quand même, il ne faut pas prendre de l'ayahuasca en France ! En revanche, au Pérou, c'est très lié au peuple indigène et à ses traditions. C'est considéré comme un trésor national. Donc d'un côté, c'est perçu comme un poison et de l'autre, comme un remède. C'est quand même étonnant… Chez nous, ces plantes intéressent des expérimentateurs *borderline*, hors-la-loi. Quand tu es jeune, tu veux essayer des trucs, c'est dangereux et tu le sais. Mais en Amazonie, c'est une médecine. C'est avec ça qu'ils se soignent. Ce sont des papis et mamies qui prennent ces plantes tous les soirs pendant toute leur vie. Ça m'intriguait. Nous sommes des sauvages à côté. Nous avions cette connaissance des guérisseurs traditionnels, mais nous l'avons perdue. Je me suis dit que quitte à avoir une expérience avec un psychotrope très très fort, ce qui est la réputation de l'ayahuasca, autant le faire avec ceux qui savent. J'étais déjà un réalisateur un peu baroque, je voulais vivre et filmer une expérience de modification de conscience, alors je me suis dit que les plantes seraient un bon outil. C'est pour ça que je suis parti en Amazonie. Tu pars en tant que cinéaste et puis tu te prends une claque sur place. Tout à coup, ta réalité se fracture. Tu es totalement perdu et là, une autre aventure commence, celle de la connaissance indigène et des plantes médicinales… Cette aventure est toujours en cours. J'ai tissé des liens avec les Indiens Shipibos qui utilisent une centaine de plantes en tout.

<u>Comment expliquez-vous cette différence de rapport aux plantes psychoactives : l'interdit absolu *versus* le rituel sacré ?</u>

On est face à un énorme paradoxe et une vérité simple, très bien

---

3. *Tableaux de classification de l'Organisation mondiale de la Santé établis par la convention de 1971 sur les substances psychotropes.*

énoncée par Terence McKenna[4] : ce n'est pas pour nous protéger que la société interdit le cannabis et l'usage des psychoactifs, mais pour se protéger elle-même. Pour nous protéger, il faudrait peut-être interdire l'alcool, qui provoque beaucoup plus de souffrance, de morts, d'addiction. Mais le cannabis, les psychotropes et même le LSD ? Bon, il y a eu dans les années 1970 une époque où les mecs ont fait n'importe quoi, ils mélangeaient tout, donc il y a eu des accidents. Mais ce n'est pas pour cette raison-là que ces substances sont interdites. Bien utilisées, dans le bon cadre, avec le bon dosage, elles ne sont pas dangereuses. Mais si on commence à consommer ces substances, on commence à déconstruire la société telle qu'elle existe. Moi, j'ai eu un vrai choc avec les substances amazoniennes. Tu as une espèce de mise-à-jour de ce que tu crois être de bonnes pensées. Tu vois les images archétypales et d'un coup, tu regardes la société en te disant « tout ce que je pense n'est que ce qu'on m'a appris à penser ». Les plantes te déconditionnent, elles te replacent dans l'espace Homme-Nature. Et cette sensation, c'est terrible pour des sociétés occidentales basées sur le consumérisme et le capitalisme.

Vous avez partagé cette découverte des plantes psychotropes amazoniennes dans plusieurs films : *Blueberry* en 2004, un film en réalité virtuelle, *Cosmic Journey* en 2019… Le sujet ne vous a plus jamais quitté ?

J'ai fait des films parce que c'est mon travail de communiquer sur ce que je vis, de le partager, d'expérimenter. Le sujet est tellement vaste qu'une vie ne suffirait pas à en faire le tour, donc j'ai décidé de me concentrer là-dessus. À la base, j'étais juste un aventurier qui voulait avoir des visions. Et puis il s'est produit

4. Écrivain et philosophe américain qui s'est intéressé aux substances psychédéliques.

des choses sur place qui ont fracturé la manière donc je concevais la réalité. Ça m'a déstabilisé mais aussi progressivement apaisé. Et mes films sont devenus différents. Au départ, je voulais faire des films d'action, des films provocants. Il y a même un jeune cinéaste qui m'a dit : « Je ne veux surtout pas prendre de plantes ! J'aime ce que tu as fait jusqu'à *Dobermann*, mais après ça m'intéresse beaucoup moins. Je ne veux pas changer ! » Ça ne veut pas dire que je n'ai plus à exprimer des choses violentes sur notre monde. Dans *99 francs*, il y a une certaine violence. Mon expérience en Amazonie m'a donné de la liberté ! La liberté de naviguer dans d'autres mondes que ceux où je suis à l'aise, celle de pouvoir faire de la réalité virtuelle, pourquoi pas un film d'animation…

Et ça, ça ne serait pas arrivé sans votre rencontre avec ces plantes ?

Non. Et puis si on veut parler de l'éclectisme de mon cinéma, je suis allé faire *Darshan*[5] en Inde, avec Amma[6] !

Justement, en Inde, le cannabis trouve sa place dans un certain nombre de pratiques spirituelles et religieuses…

Ce n'est pas le cas autour d'Amma et de son ashram. Mais effectivement, les sâdhus, des mystiques indiens, utilisent le cannabis dans leur prière. Les sâdhus n'ont rien, ils renoncent à tout et vivent de la mendicité pour mettre toute leur énergie à prier et chanter, pour avancer dans un chemin spirituel de méditation profonde, de *sadhana*,[7] de pèlerinage. Ce sont comme des moines extrêmes mais sans monastère, leur monastère est le monde. Pour les Indiens, ce

5. Darshan - L'étreinte, *film documentaire sorti en 2005.*
6. *Amma est une figure humanitaire et spirituelle indienne, prônant l'amour et qui a fait de l'étreinte d'inconnus sa marque de fabrique.*
7. *Sanskrit pour pratique, chemin spirituel.*

sont des manifestations du divin. Et ils fument énormément. Il y a une scène dans le film que j'aime beaucoup : on était en bateau, à Bénarès, à 6 heures du matin. Le soleil se lève, il y a une sorte de désert en face, une île et on voit toute la ville, une ville incroyable. C'est la plus vieille ville habitée par l'Homme, depuis 6000 ans. On se croirait dans un film d'heroic fantasy ! Et là, je vois une petite tente. Le bateau glisse et mon *steadycamer* descend pour tourner un plan parce qu'il y a un sâdhu en méditation. Le sâdhu avait fumé et il chantait des mantras. On a tourné autour de lui, on a enregistré les mantras, puis on est repartis en bateau, il ne nous a pas vus.

Il y a en Inde une autre forme de consommation de l'herbe, le *bhang* : c'est une boisson à base de lait infusée au cannabis, utilisée dans des rituels hindous…

Oui, j'en ai entendu parler mais je n'ai jamais goûté. Ce que je trouve intéressant dans l'hindouisme et la plupart des religions, c'est l'encodage des plantes psychédéliques dans la religion elle-même. Par exemple, le dieu hindou Shiva est représenté avec une fleur de datura. La datura est une plante psychédélique très puissante. Il ne faut surtout pas en prendre parce qu'elle a une dose létale abordable assez rapidement. Mais ce sont des plantes que les Indiens utilisent. J'ai déjà pris là-bas des mélanges avec de la datura, un certain type de datura qu'ils appellent le *toé*. C'est au cœur de l'hindouisme. Pareil avec le Soma, qui est une boisson mythologique que l'on retrouve dans le *Rig-Veda*[8]. Alors aujourd'hui, on ne perçoit pas forcément l'encodage de plantes psychédéliques dans le christianisme. Mais il y en a dans la Bible. Il y a des théories sur le buisson ardent, qui serait une plante psychotrope

8. *Collection d'hymnes sacrés faisant partie des grands textes fondateurs de l'hindouisme.*

qui aurait enflammé l'esprit de Moïse.

Moïse aurait fumé le buisson ardent ?

[rires]

C'est possible ! Enfin, il en a fait une décoction qu'il a bue.

Dans une vieille interview au moment de la sortie de *Blueberry*, chez Thierry Ardisson, vous disiez : « Nous sommes les primitifs de notre culture parce qu'on va vers les psychotropes de manière festive, on oublie tout, on ne retient rien. » Mais la frontière est parfois ténue entre un usage purement récréatif et une consommation spirituelle ou thérapeutique…

La frontière est assez simple pour moi. À partir du moment où on va fumer des joints, boire de l'alcool et se retourner la tête pour rigoler, se mettre même en danger en conduisant : on est vraiment dans ce qu'il ne faut pas faire. Maintenant, c'est autre chose si on écoute de la musique, qu'on essaie de se concentrer sur son cœur, d'être bien, de chercher de l'inspiration… Ou bien qu'on est dans la nature, qu'on met de l'énergie pour observer ce qui se produit en nous. On sent les choses différemment, on regarde les gens différemment. Il faut donc toujours se rappeler que la plante est avec vous. Ce sont des plantes de pouvoir, il ne faut pas l'oublier. Ce pouvoir porte aussi bien la lumière que l'obscurité. C'est un peu dangereux, on ne se rend pas compte qu'on se pourrit un peu la gueule. Il faut toujours avoir une bonne intention avec le cannabis. Et avec les plantes : une belle intention de partage, d'amour, de joie, de respect.

On a l'habitude en France, en Occident, de faire la distinction entre les drogues dites "douces" (dont le cannabis) et les drogues qu'on appelle "dures". Vous, vous faites une sorte de grand *continuum* entre toutes les plantes, peu importe la puissance de leurs effets ?

Oui ! Pour moi, il y a la famille des plantes psychédéliques, qui sont des plantes-maîtres, d'esprit, que je regrouperais avec les champignons. Pourquoi produisent-elles des molécules qu'elles n'utilisent pas, et qui n'ont pas d'autre fonction découverte par l'Homme que de venir se ficher dans le plus important neurorécepteur de notre cerveau ? N'est-ce pas là un moyen de communiquer interespèce, une façon d'ouvrir un dialogue ? Après, dans ces plantes, il y en a certaines avec lesquelles il faut faire très attention, parce qu'il y a des dosages mortels rapides, alors que d'autres comme le cannabis sont moins dangereuses. C'est aussi pour ça qu'elle est plus consommée je pense. Il est difficile de mettre sa vie en danger avec une surdose de cannabis. Si on ne prend pas le volant !

Une autre plante est souvent associée au cannabis : le tabac. Vous avez été fumeur de tabac. Vous avez arrêté de fumer et en 2016, vous avez réalisé le documentaire *Vape Wave*, sur l'univers des vapoteuses, au moment où on les a vues arriver sur le marché et dans les mœurs. Comment en êtes-vous arrivé à vous intéresser à ce sujet?

Je me suis intéressé à la vape parce que j'étais fumeur. Le tabac, c'est une bonne plante, utilisée en Amazonie, c'est une plante que j'ai diétée. Mais le problème avec le tabac, ce n'est même pas la nicotine, c'est la combustion. Faites des cigarettes avec de la roquette, vous vous ferez aussi mal. C'est le CO_2 de la combustion qui vous crame. Donc avec la vaporisation, vous éliminez tout ça. Vous passez de l'addiction à la dépendance, c'est un produit qui vous appelle mais qui ne va pas vous abîmer. Ça pourrait être le chocolat pour certains, le sexe ou le café. Alors qu'à chaque cigarette que vous fumez, vous vous abîmez. Et forcément, quand on roule des joints, on s'abîme encore plus la santé parce qu'on ne met pas de filtre. Donc tout fumeur de joint devrait se mettre aux *vapoted joint*. Ou se faire des space cakes ! Faites-vous des tartes !

[rires]

<u>Vous avez expérimenté l'ingestion de cannabis ?</u>

Oui, à Amsterdam. J'étais jeune, c'était délirant. Et une autre fois, j'avais déjà commencé à m'intéresser aux plantes, donc avec trois amis on a voulu manger un gâteau, comme un rituel. On a mangé une part chacun et on s'est dit qu'on allait écouter des chants de guérisseurs et chercher une connexion. Sauf que c'était d'une force !

[rires]

On a eu très peur, j'ai pensé que c'était fini pour nous ! Mon téléphone sonnait, je n'osais pas répondre. Je me disais « c'est dommage, j'ai essayé de faire les choses bien et là j'ai fait une connerie. Je ne retrouverai jamais la raison ». Mais je suis resté très calme, je me suis juste dit « adieu, c'est con ». On est revenus douze heures plus tard. Je suis allé prendre mon téléphone pour écouter mes messages, comme dans les films de Cheech & Chong[9] que j'adorais. J'avais un message énervé de mon pote : « Surtout, ne mange pas le gâteau ! Je me suis complètement gouré dans le dosage. »

[rires]

9. *Duo comique culte des* stoner movies. *Voir focus p. 147.*

Donc attention aux gâteaux !

Ça ne vous a pas donné envie d'en faire un film ? Parce que ça pourrait commencer comme ça…

Oui, absolument. J'ai toujours aimé ces situations dans lesquelles on se retrouve… Avec l'herbe, souvent les souvenirs que tu partages sont presque les pires moments que tu as vécus. Tu vas te balader en forêt à pied, il y a de l'orage, tu tombes dans la rivière, Ginette s'est perdue parce qu'elle avait mangé un gâteau, tu crois mourir… Et au final, c'est l'histoire dont tu te rappelles des années après avec le sourire aux lèvres !

[rires]

On est comme ça, on est humains. Donc forcément ces histoires-là, c'est une bonne inspiration ! J'ai failli faire un film qui s'appellait *Dog Walkers*, tiré du roman de Iain Levison[10]. Ce sont trois mecs à la ramasse qui fument des joints, à Pittsburgh dans le roman, mais moi c'est dans le nord de la France. Ils veulent monter un casse mais ils ne font que fumer. Mais je ne veux pas spoiler tout le roman qui est formidable. Je voulais faire un genre de *Freak Brothers*[11], j'ai essayé de monter ce projet pendant trois-quatre ans mais le cinéma n'a pas voulu de moi ! Je crois que j'ai un peu traumatisé le milieu. Dès qu'ils lisent mon scénario, les producteurs se disent que je vais mettre des visions pendant 25 minutes !

10. *Iain Levison,* Trois hommes, deux chiens et une langouste, *2009.*
11. Les Fabuleux Freak Brothers, *trois personnages de bande dessinée underground créés par l'artiste américain Gilbert Shelton en 1968.*

[rires]

Ce n'est pas facile aujourd'hui en France de proposer des œuvres qui s'intéressent aux drogues, aux états modifiés de conscience ?

On peut faire des documentaires, des tout petits films… J'en ai fait plusieurs. J'espère en refaire d'ailleurs sur le même sujet.

Est-ce qu'avec les vagues de légalisation du cannabis dans le monde, vous pensez qu'on assiste à une normalisation des plantes psychotropes ?

Alors là, c'est le grand sujet. Les plantes seront acceptées si elles ne produisent pas de questionnement de notre société. En revanche, si elles permettent à l'individu d'être plus équilibré et efficace dans la société dans laquelle il vit sans la questionner, là c'est possible. Donc la grande chance, c'est le *microdosing*[12]. Ce sont des traitements avec lesquels vous avez des bénéfices mais sans le shift de réalité que peut provoquer l'ingestion plus importante de plantes psychoactives. On voit à quel point aujourd'hui le *microdosing* de psilocybine[13] est un enjeu dans la Silicon Valley, où les créatifs cherchent à être plus efficaces dans leur travail, sans faire d'expérience de modification de conscience. Je pense donc que le *microdosing* a plus de chances d'être la porte d'entrée, le cheval de Troie, que le cannabis fumé. C'est peut-être par ce moyen que les plantes rentreront dans nos usages et changeront petit à petit notre perception du monde. Les gens vont sympathiser, dédiaboliser ces pratiques, peut-être qu'ils auront la curiosité de faire une expérience plus intense.

12. Consommation de substances psychoactives à très petites doses.
13. Principale substance psychoactive des champignons hallucinogènes.

LA PROHIBITION EST-ELLE RACISTE ?

UNE MÊME PLANTE PEUT ÊTRE SACRÉE POUR UN PEUPLE ET ILLÉGALE POUR UN AUTRE… COMME QUOI, UN INTERDIT REPOSE TOUJOURS SUR DES REPRÉSENTATIONS ET DES CONSTRUCTIONS SOCIALES. ET QUAND ON DÉCONSTRUIT LES RACINES DE LA PROHIBITION DU CANNABIS, CE N'EST PAS JOLI JOLI. STIGMATISATION, DISCRIMINATION ET CONTRÔLE POST-COLONIAL DES POPULATIONS : LA PROHIBITION SERAIT-ELLE FONDAMENTALEMENT RACISTE ?

Aux États-Unis, la prohibition des drogues s'est mise en place au début du XXe siècle, dans une optique raciste qui s'en cachait à peine. Dans les années 1930, l'artisan de cette politique s'appelait Harry J. Anslinger, commissaire fédéral aux narcotiques surnommé le "McCarthy de la drogue"[1]. Sa guerre à la drogue visait explicitement les minorités : « La plupart des consommateurs de marijuana aux États-Unis sont des Noirs, des Hispaniques, des Philippins et des artistes… La marijuana amène les femmes blanches à rechercher des relations sexuelles avec des Noirs… Fumer fait croire aux *darkies* qu'ils sont aussi bons que les hommes blancs. »[2] Une longue histoire de stigmatisation dont le pays fait encore les frais aujourd'hui : outre-Atlantique, le taux d'usage de cannabis est le même chez les Noirs et chez les Blancs. Et pourtant, un Noir risque dix fois plus d'atterrir en prison pour une affaire de stups[3].

La toute première mesure d'interdiction du cannabis *made in France*

1. *Joseph McCarthy, l'orchestrateur de la "chasse aux sorcières" visant les communistes aux États-Unis, dans les années 1950.*
2. *« La prohibition française du cannabis est un outil raciste », Newsweed.fr, 2 juin 2020.*
3. *« Targeting Blacks, Drug law enforcement and races in the United States », Human Right Watch, 2008.*

a été prise en Égypte en 1800, lors de la campagne de Napoléon[4]. À l'époque, c'est surtout une méthode de contrôle des populations colonisées : le haschich, produit oriental, est perçu comme un danger potentiel pour la réussite de la campagne coloniale. Aujourd'hui encore, le stigmate persiste et dans l'imaginaire collectif, le shit reste un "truc de rebeu". Si l'on ne dispose pas de statistiques ethniques, interdites en France, on sait que les populations immigrées et racisées sont aujourd'hui encore les premières touchées par la répression. Quelles sont les racines de la prohibition à la française ? Quel est son impact aujourd'hui sur les minorités ethniques ? On a posé la question à Michel Kokoreff, sociologue à l'Université Paris 8, auteur de *La drogue est-elle un problème ? Usages, trafics et politiques publiques*[5] :

« La consommation de cannabis se développe en France dans la seconde partie du XIXe siècle, sur fond d'orientalisme et d'exotisme. Le tournant sur le plan juridique, ce sont les années 1912-1916, où les Américains imposent aux membres de la Société des Nations une législation rigoureuse sur la prohibition de ces substances dites à l'époque "vénéneuses". En 1969, le président américain Richard Nixon déclare la guerre à la drogue. En France, un an plus tard, la loi de 1970 sur les stupéfiants accentue la pénalisation, avec une tonalité répressive qui prime sur le sanitaire. On sort des événements de mai et juin 1968 qui constituent une sorte de déflagration dans la société française, et qu'il s'agit de réprimer, de disqualifier. On est dans un contexte très particulier de panique morale, avec un groupe de personnes désigné comme une menace pour les valeurs d'une société. Hier, c'était les hippies… Aujourd'hui, ce sont les

4. *Erwan Pointeau-Lagadec, « L'action publique française en matière d'usage de cannabis. Les fondements historiques d'un échec », Hypothèses, 2016.*
5. *Payot, 2010.*

femmes voilées et les barbus. Cette loi est toujours en vigueur et constitue le socle de l'action législative française contre les drogues. Elle s'inscrit dans une stratégie de disqualification sociale d'une certaine jeunesse et de remoralisation de la société. Depuis plusieurs décennies en France, l'enjeu pour les politiques est de reconquérir les "territoires perdus de la République", d'aller dans lesdites "zones de non-droit" où s'organise une partie des trafics. L'hypothèse que l'on fait dans *La Catastrophe invisible*[6], c'est que les drogues ont été un outil central dans la construction des représentations collectives de la "banlieue". Elles permettent de dire qu'au fond, le problème dans les cités pauvres et reléguées n'est pas économique ou social, mais bien d'ordre criminel. Donc la police y débarque comme une armée d'occupation et fait du contrôle au faciès répété qui fait monter la pression. Ce n'est pas la loi en soi qui a un caractère discriminatoire, mais les politiques pénales qui en découlent et les pratiques policières. La surreprésentation des Noirs et des Arabes dans les prisons françaises est un effet du filtre policier. Alors que contrairement à ce qu'on pense, plus on monte dans la hiérarchie sociale, plus les consommations sont fréquentes, mais plus elles sont cachées ! »[7]

Donc ce serait la police qui, dans son application de la loi de 1970, a adopté sur le terrain des pratiques racistes ? On a posé directement la question à un flic. Et pas n'importe lequel, puisque Jules[8] est un ancien enquêteur des stups :

« Quand je suis rentré aux stups, je me suis rendu compte que c'était loin de l'idéal que j'avais imaginé. Avec la politique du chiffre, on

6. *Michel Peraldi, Michel Kokoreff et Anne Coppel,* La Catastrophe invisible. Histoire sociale de l'héroïne, *Éditions Amsterdam, 2018.*
7. *Podcast* Banana Kush *#21, 24 février 2021.*
8. *Prénom modifié à sa demande.*

préfère interpeller dix petits consommateurs puisque ça rapporte dix affaires élucidées. Et pour attraper des gens qui viennent d'acheter leur barrette, c'est plus facile d'aller les cueillir à la sortie du point de deal, en général dans des quartiers dits "sensibles". Ce sont toujours les mêmes personnes qui sont contrôlées. En tant que policier, on s'imagine tout de suite qu'un jeune qui va avoir le look baskets-survet dans un quartier, et qui en plus sera Noir ou Arabe, aura plus de chance d'avoir des stupéfiants sur lui. On tombe toujours sur les mêmes. Il y a de la discrimination de fait. »[9]

9. *Podcast* Banana Kush *#21, 24 février 2021.*

974

LA BEUH
FAIT
PLEINEMENT
PARTIE
DE NOTRE
CULTURE
RÉUNIONNAISE.

MANU
PAYET

CETTE INTERVIEW, C'ÉTAIT UN PEU LE RÊVE DE CHRISTOPHE : RENCONTRER CELUI QUI PORTE LE MÊME NOM QUE LUI, ET QUI EN PORTE HAUT LES COULEURS (POUR DIMITRI, ON RETENTERA NOTRE CHANCE). D'AUTANT PLUS QU'ILS FONT PRESQUE LE MÊME MÉTIER : AU DÉPART, MANU PAYET EST ANIMATEUR RADIO – APRÈS DES DÉBUTS SUR NRJ DANS LES ANNÉES 1990, IL EST REVENU À SES PREMIÈRES AMOURS EN 2020, EN REPRENANT LES RÊNES DE LA MATINALE DE VIRGIN RADIO. ENTRE-TEMPS, UN DÉTOUR PAR LA TÉLÉVISION MAIS SURTOUT UNE BELLE CARRIÈRE SUR SCÈNE ET SUR GRAND ÉCRAN. ACTEUR ET HUMORISTE, ON L'A VU DANS *COCO* DE GAD ELMALEH, *TOUT CE QUI BRILLE* DE GÉRALDINE NAKACHE ET HERVÉ MIMRAN, ET PLUS RÉCEMMENT DANS LA SÉRIE *HOLY WEED* DE LAURENT DE VISMES – ON AURA L'OCCASION D'EN REPARLER. IL NOUS A DONNÉ RENDEZ-VOUS DANS UNE TRÈS CHIC PÂTISSERIE DU QUARTIER DU MARAIS À PARIS, OÙ ON A PAPOTÉ AUTOUR D'UN KOUIGN AMANN BRETON ET D'UN CHAÏ LATTE. RIEN DE BIEN CRÉOLE, ET POURTANT C'EST DU BLED QU'ON A PARLÉ. SON BLED À LUI, L'ÎLE DE LA RÉUNION. LÀ OÙ CEUX QU'ON APPELLE LES “ZAMALIENS” FUMENT DES PURS FACE À L'OCÉAN OU DANS LES HAUTEURS. LÀ OÙ MANU PAYET LUI-MÊME A GOÛTÉ LE *ZAMAL* QUI POUSSAIT DANS LE JARDIN DE SES POTES.

Manu Payet, bonjour.

Bonjour.

Comme on dit à La Réunion : *koman i lé ?*

Ça va et vous ? Tu peux dire “Payette” du coup.

[rires]

Allez, on dit “Payette” !

Ah bah ouais, carrément ! Puisque tu le sais et que tu es à moitié réunionnais, tu as le droit au T.

Tu as choisi de le prononcer “Payet” en arrivant en métropole ?

Non, je n’ai pas choisi… enfin, à un moment j’ai fini par dire OK ! En fait, j’ai toujours été habitué depuis que je suis petit, quand je venais ici, à ce qu’on ne dise pas le T. Quand on arrivait en métropole, dans mes yeux d’enfants, le fait que l’on dise “Payet” faisait partie du fait d’être là, en France, en métropole. C’était une forme d’exotisme à l’envers pour moi.

Alors, est-ce que Manu Payet fume le *zamal* ?

Ah oui, il a fumé le zamal Manu Payet ! Ce qui l’a conduit ici d’ailleurs, sur cette voie, j’imagine. J’ai beaucoup, beaucoup fumé.

Alors, le zamal, juste pour expliquer, c’est comme ça qu’on appelle le cannabis à La Réunion…

Oui, tout à fait. La beuh fait pleinement partie de notre culture : soit parce que tu as déjà vu, fumé ou goûté du zamal… ou alors parce que tu croises toute la journée des zamaliens ! Et même ceux qui ne l’ont pas fumé, par exemple, nos parents savent ce que c’est. Ils le chantent aussi, parce qu’il y a des chansons.

Le zamal n’est pas exactement pareil que la weed qu’on trouve en métropole. À quoi ça ressemble ?

Ça ressemble à un petit arbuste sur lequel on allait casser ce qui nous convenait à nous, jeunes fumeurs que nous étions à l'époque. Ça poussait dans le jardin de certains de mes copains, dont je tairai les noms, parce que leurs parents ne savaient pas que ça poussait dans leurs propres jardins ! Moi, j'ai toujours vu ça sur l'arbre directement. D'ailleurs, j'ai une photo que j'ai prise lors de mon dernier voyage à La Réunion, je vais vous la montrer : on a cassé à même le pied ! C'était soit sur l'arbre, soit roulé dans du papier journal, ou alors dans des petites boîtes d'allumettes qu'on appelait des "parts". En francs, à l'époque – et vous foutez pas de ma gueule !

[rires]

On disait par exemple "une part 50", donc c'était une part de 50 balles, 50 francs. Une part 50, ça faisait à peu près la taille d'une moitié d'iPhone, et ça te faisait déjà une bonne semaine. Mais ça avait à peu près la même tête que certaines weeds que je croise ici parfois, en moins élaboré. Par élaboré, j'entends qu'il y avait moins de couleurs, c'était une dominante de vert. Ici, j'ai vu des couleurs que je n'avais jamais vues à La Réunion, sauf le mauve, qu'on appelait "filament mauve". Elle sortait directement du jardin des copains sans traitement spécial, sans lumières dessus, culture en serre ou je ne sais quoi. Mais bizarrement, c'est une beuh qui me fait plus d'effet qu'ici et à laquelle je fais plus attention. En plus, on la fume bien souvent pure, pas mélangée avec du tabac.

Le zamal, la part 50… On dirait qu'il y a tout un vocabulaire autour du cannabis en créole… Tu as d'autres mots à nous partager ?

Qualité ! Zamal, c'est le terme générique mais on ne le prononce pas trop en fait… On dit surtout "qualité" : « Ouais c'est une bonne qualité ! » Qualité *péi*, qualité le feu, qualité… après tu rajoutes ce que tu veux derrière, c'est souvent très imagé. Et l'effet que ça te fait ressemble vachement à l'adjectif qui suit le mot qualité.

[rires]

Le zamal a une place dans la culture de l'île, dans ses traditions, y compris dans ses musiques. Le morceau dont tu parlais, c'est un morceau de maloya [1] ?

C'est pas exactement du maloya, c'est pas non plus du sega… [2] Je vais peut-être dire une bêtise et énerver les puristes, mais je ne mettrais ça ni dans l'un, ni dans l'autre. C'était notre pop à nous, ma pop à moi. C'est un groupe qui s'appelle Ousanousava et dont le morceau s'appelle *Zamal*, que j'ai évidemment dans mon téléphone et que je sais jouer à la guitare et que beaucoup de gars de mon âge – même plus jeunes, voire aussi les plus vieux – savent jouer, savent chanter… On connaît les paroles par cœur !

Alors on t'écoute !

[en chantant]

O zamal
O zamal
O zamal
Ti fé mal lo kèr
Lo kèr monnti zézèr
É pourtan mwin lé fièr
Mwin la change linivèr
La mi wa lo sièl lé roz

1. *Genre musical réunionnais.*
2. *Autre genre musical de l'île.*

Koulèr la lèv manzel mimoz
Kan dési lamour i poz
Ansanm avek mon kèr i esploz

Ça y est, on y est là !

On y est, oui ! Vous pouvez l'écouter, c'est vachement bien, c'est une chanson magnifique. Même ma mère connaît un peu les paroles alors que c'est pas la première consommatrice de zamal.

[rires]

Il paraît qu'à La Réunion, on ne fume pas exactement comme en métropole… Peux-tu nous expliquer la technique ?

En fait, ils la gardent en bouche. Ils la gardent en tête surtout. Ils la font monter en tête. À mon époque, on appelait ça "caler", ici, ils disent "bloquer". Après une taffe, tu ne la recraches pas tout de suite et tu fais monter l'effet. Mais maintenant que je suis un adulte, ce n'est pas forcément nécessaire !

Mais à La Réunion, tout le monde fume comme ça ? C'est la honte de ne pas caler ?

À mon époque, c'était la honte, oui ! Enfin, ça ne se faisait même pas. C'était du gaspillage. Ce qui m'a mis dans des états d'ailleurs… absolument déplorables. Une fois, je me souviens, j'étais au lycée du Butor à Saint-Denis, le chef-lieu. C'est un peu la capitale de l'île. J'avais fumé avec un mec qui s'appelait Dominique Fontaine, qui était en terminale. Moi, j'étais en seconde, je voulais impressionner, je voulais jouer au grand. J'ai tiré sur un pétard, un truc super fort et je suis allé en cours de maths juste après. Cours de maths de monsieur Courtois, qui évidemment m'a fait passer au tableau après avoir observé une différence de comportement chez moi. Je suis monté au tableau. Il me dit : « Ça va monsieur, vous avez fait vos exercices ? » et je réponds : « Bah non, en fait j'ai pas pu, parce qu'on a eu un petit problème à la maison. » « Par contre, ça ne vous a pas empêché de fumer du zamal. » Je dis : « Mais, j'ai pas fumé de zamal ! » « Si, vous avez fumé du zamal, vous avez les yeux explosés. » Et là, j'ai fait un petit malaise, je me suis retrouvé à l'infirmerie ! Et pendant mon malaise, je répétais en boucle : « Ne le dites pas à mes parents s'il vous plaît ! » Et puis un long *black out*. Donc aujourd'hui, c'est une taffe ou deux, grand max, parce que ça me ramène à mes années lycée et à une carrière scolaire désastreuse. En fait, j'ai arrêté un long moment parce que comme j'avais pas mal fumé dans mes années lycée, mes parents m'ont envoyé en pension en Afrique du Sud, dans une école anglaise. C'est à quatre heures d'avion de La Réunion, c'est là que les parents qui n'en pouvaient plus envoyaient leurs garçons. On est toute une génération de mecs à avoir fini à Saint-Charles, en Afrique du Sud.

À cause du zamal, en particulier ?

À cause du zamal en partie, et d'une peine de cœur. Les deux ensemble, ça fait pas bon ménage ! J'ai donc fini dans cette école et là… tu te prenais des coups de bâton si tu te faisais choper en train de fumer ! C'était vraiment l'école anglaise, uniforme, cravate et tout. J'ai fumé une ou deux fois la beuh sud-africaine, que j'avais trouvée moins forte que la beuh de chez nous. Et puis, j'ai trouvé un petit filon qui nous permettait de fumer en cachette dans l'école le soir. Mais les *bad trips* ont pris le dessus sur les moments cool, sur le kiff. J'ai bloqué sur un espèce de *bad trip* que je refaisais à chaque fois que je fumais. J'ai arrêté pendant quelques années et là aujourd'hui, parfois il m'arrive de tirer quelques taffes sur un pétard, mais j'essaye vraiment de rester prudent. Parce que ce n'était vraiment pas agréable.

Un trauma qui fait qu'aujourd'hui, ça reste occasionnel…

Oui, carrément, très occasionnel. En plus, aujourd'hui, je monte sur scène et j'ai besoin de mon cerveau, du coup je le ménage.

Tu as joué dans une série qui a été diffusée en 2018 sur OCS, qui s'appelle *Holy Weed*. Raconte-nous !

C'était excellent cette série, et drôle ! Ce sont des mecs dans un petit village, sur une île, qui trouvent une cargaison de beuh. Et qui, plutôt que de la rendre aux autorités, essayent d'en tirer profit. Tout ça traité sur le ton de la comédie, avec le talent des auteurs dont Arthur Benzaquen. Moi j'ai fait un petit guest, parce que le pitch me faisait rire. Ils ont tourné ça avec trois francs six sous et ils ont réussi un truc quand même super drôle. Et tous les mecs qui ont écrit ou travaillé dessus ne sont pas forcément fumeurs ! C'est ça qui est rigolo.

On peut dire que c'est un *stoner movie*, ou plutôt une stoner série… C'est un genre qui te parle ?

Bien sûr ! Le dernier *stoner movie* que j'ai vu c'est *Pineapple Express*. Mais finalement, je crois que tous les films américains, même ceux qui ne sont pas forcément estampillés stoner, sont des *stoner movies* pour moi. Des Judd Apatow, des films comme *Step Brothers* d'Adam McKay (*Frangins malgré eux, ndlr*)… Il y a un type d'humour que j'aime beaucoup, et je sais que, sans être foncedé, je ris à des vannes écrites par des gars foncedés. Ce qui parfois me fait rire, c'est d'imaginer comment j'aurais tellement plus ri si j'avais été foncedé moi-même ! Je me souviens même quand le film d'Oliver Stone sur les Doors est sorti, j'étais en seconde. Avec mes potes, on s'est dit « on va le voir une fois sobres, après on y retourne bourrés, après on y retourne foncedés ! ». C'est vraiment une idée de cons. Je crois qu'il y a encore des gars de ma classe qui sont dans la salle au moment où je vous parle, qui sont restés complètement québlos !

[rires]

Et heureusement surtout qu'on n'avait pas accès à tout ce qui se prenait dans le film … Mais en tout cas, le zamal a fait partie de ma découverte de certains films. *Piège de cristal* aussi ! J'avais tellement aimé *Piège de cristal*, qu'on y est retournés foncedés. C'était une aventure…

<u>Aujourd'hui par contre, pour toi, fumer, c'est incompatible avec ton métier de comédien ?</u>

Je me souviens, il n'y a pas très longtemps en tournée, il faisait très frais et il pleuvait. On était dans une ville où, quand il pleut, s'il n'y a pas un cinoche, tu peux te faire vraiment chier. Et je me suis dit « putain, c'est con ! »… À un certain âge, j'aurais fumé et le temps serait passé autrement. Et puis en fait, j'ai un enfant, je vais pas commencer à fumer des pétards à 14 heures parce que je me fais iech. Je prends un bouquin et je m'évade autrement. Et puis une fois, je me suis dit « bon bah pourquoi pas, après tout ! ». Mon enfant est loin, je suis dans le sud de la France. Et dans le théâtre où on était, il y avait un technicien qui en avait. On a fumé l'après-midi. Je ne suis pas sûr du résultat du spectacle du soir…

[rires]

Et attends, j'ai aussi filmé un truc ! J'étais à Amsterdam il y a trois semaines avec ma femme et on s'est dit « viens, on tire une ou deux lattes sur un pétard avant d'aller au musée ». Je me suis filmé en train d'aller au musée, pour me regarder ensuite le lendemain, pour voir comment je suis quand je suis foncedé.

[rires]

Scientifique presque comme démarche !

Ben oui, moi je fais ça pour le CNRS ! Après, je leur envoie, ils en font ce qu'ils veulent. Regarde, j'ai la vidéo. Et en fait, j'ai l'air normal. Tu te fais une grosse parano dans le musée, tu te dis « ok tout le monde m'a capté. Ils m'ont tellement tous capté. Mais c'est fou qu'ils m'aient capté à ce point ! C'est diiiiingue. Ils ont tous un radar de ouf ». Et après, je me regarde et en fait… je suis hyper normal. Sauf que j'ai un rire débile mais ça, ça ne change pas de quand je ne suis pas foncedé !

Ton enfant, il a quel âge?

2 ans.

Comment, ayant toi-même consommé du cannabis, du zamal, tu vas te comporter en tant que papa, le jour où il va commencer à avoir 15-16 ans et à expérimenter des choses ?

Le truc qui est très rigolo c'est que le rapport à la weed est très différent en métropole et à La Réunion. Ici, mais peut-être que c'est très parisien ou un truc de grande ville, c'est hyper décomplexé. Le père d'un de mes amis, un chirurgien, peut dire aujourd'hui, à la fin d'un dîner : « Bon venez, on se roule un petit pétard ! » La première fois que j'ai vu ça, j'ai dit « ah ouais, carrément quoi. Les parents roulent un pétard ». Et mon pote, je l'ai vu rouler pour son père à la fin du dîner ! Il y a la maman et tout, qui est là : « Oh Patrick, tu vas encore fumer ton truc… Tu vas encore empester toute la maison… » Et c'était le seul truc grave pour elle ! Mais moi, ma mère, si on roulait un pétard à la table de la famille le dimanche, elle nous incendierait littéralement. C'est impensable. Aujourd'hui, il y a cette espèce de détente que je trouve super cool. Donc, je me dis que je serai probablement plus détendu que mes parents.

Plus détendu que tes parents et pourtant, culturellement, c'est plus installé dans la culture réunionnaise alors qu'en métropole, c'est quelque chose qui peut facilement être tabou par rapport à l'alcool par exemple…

Oui, mais tout d'un coup, il y a des choses qui sont devenues plus graves, plus importantes. Il y a une urgence ailleurs. On a d'autres soucis, d'autres inquiétudes, d'autres centres d'intérêt. Quand ton écran de téléphone s'allume, avec toutes les notifs que tu te ramasses… On a peut-être besoin de fumer ! C'est devenu moins grave, même parfois nécessaire. De pouvoir s'évader, parce que la planète, les animaux, la disparition, le climat… Est-ce qu'on n'est pas aujourd'hui dans une société et une époque où il vaut mieux fumer un petit pétard de temps en temps, avec tout ce qu'on se prend dans la gueule ?

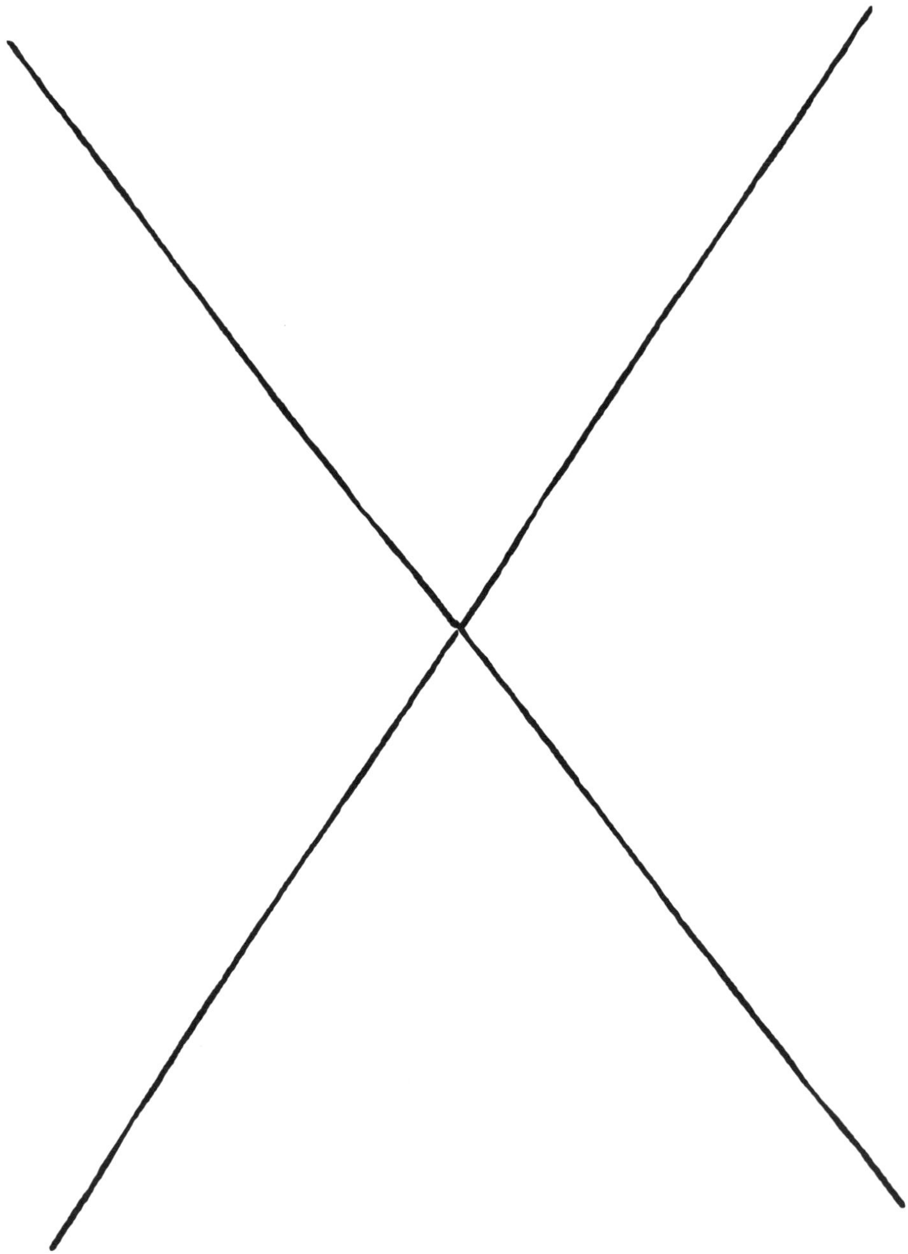

WEED & CINÉMA : *SUPER HIGH MOVIES*

LOSERS MAGNIFIQUES ET FUMEURS DE JOINT MAGISTRAUX : ILS SONT UNE ARMÉE D'ANTI-HÉROS À AVOIR PORTÉ HAUT LE PÉTARD POUR CREVER LE GRAND ÉCRAN. CETTE ARMÉE ENFUMÉE, C'EST CELLE DES PERSONNAGES DE *STONER MOVIES*, UN SOUS-GENRE DU CINÉMA AMÉRICAIN QUI PLACE LE CANNABIS AU CŒUR DE SON RÉCIT. DES FILMS QUI ONT PARTICIPÉ À FORGER L'IMAGERIE DE LA WEED ET À CONSTRUIRE LA FIGURE DU "STONER" – LE FUMEUR DE PÉTARD. ON EN A DISCUTÉ AVEC DES SPÉCIALISTES DU GENRE, AUSSI AMOUREUX DU PÉTARD QUE DU SEPTIÈME ART. ET ON VOUS A CONCOCTÉ UN PROGRAMME CINÉ POUR VOS LONGUES SOIRÉES D'HIVER !

REEFER MADNESS
LOUIS GASNIER
1936

C'est le tout premier film à représenter le cannabis au cinéma, mais c'est surtout LA référence du genre. Financé par une église, ce film réalisé par un Français se voulait être un instrument de propagande anti-cannabis. Raté ! Redécouvert par les hippies dans les années 1970, ce film un brin caricatural devient instantanément un *stoner movie* culte. Pour le youtubeur Ace Modey qui anime la chaîne Lo Film, « *Reefer Madness* va très loin sur les effets supposés du cannabis : on va fumer, faire une bouffée délirante et avoir envie de tuer son père ou sa mère ! C'est du grand n'importe quoi et ça le rend très, très drôle. »[1] En 2005, le film devient même une comédie musicale. Du grand art.

1. *Podcast* Banana Kush *#30, 20 octobre 2021.*

UP IN SMOKE

CHEECH & CHONG

1978

Les années 1970 voient très logiquement apparaître, avec le mouvement hippie, des films de hippies. Pour Ace Modey, « c'est le duo de réalisateurs Cheech & Chong[2] qui va façonner les archétypes du *stoner movie*. »[3] Des clichés et des motifs incontournables que l'on va retrouver de film en film, jusqu'à aujourd'hui : « Il y a le passage inévitable avec les forces de l'ordre, il y a la scène un peu vulgaire à base de caca... Mais ce qui fonctionne le mieux, c'est le côté *buddy movie*, c'est-à-dire deux personnages - un gros fumeur et un plus timide, un raisonnable et un casse-cou - à qui il arrive plein d'aventures »[4], décrypte le spécialiste du genre PuNkY, du podcast *Some Stoner Stuff*.

FRIDAY

F. GARY GRAY, STEVE CARR ET MARCUS RABOY

1995

Un monument du *stoner movie*, avec le rappeur Ice Cube et l'acteur Chris Tucker. *Friday*, c'est un *hood movie*[5] social qui dépeint la vie des quartiers de Los Angeles à travers le quotidien de deux fumeurs de oinj. « Le *stoner movie* devient un genre à part entière à partir du milieu des années 1990 avec le gangsta rap, et notamment grâce à *Friday*. On est juste après les années Reagan, après la guerre contre la drogue... Il y a une espèce de relance libertaire qui voit la

---

2. Cheech Marin et Tommy Chong.

3. Podcast Banana Kush *#30, 20 octobre 2021.*

4. Idem.

5. Littéralement un "film du ghetto", autre sous-genre du cinéma américain.

naissance de plein de contre-cultures »[6], analyse Ace Modey. « Le *stoner movie*, dont les personnages sont rarement Blancs, a mis en avant les minorités à une époque où le cinéma hollywoodien ne leur offrait quasiment aucune visibilité. *Friday* pose un premier jalon. Mais c'est également le cas de la série de films *Harold & Kumar*, qui se revendiquait comme “la comédie stoner indo-coréenne la plus *successful* de l'histoire” – c'est évidemment la seule ! Aux États-Unis, les Afros-Américains vont en prison pour du cannabis, alors que les Blancs peuvent fumer autant qu'ils le veulent. Il y a un vrai sujet politique »[7], poursuit le critique de cinéma Jacky Goldberg, spécialiste de la comédie américaine.

HOW HIGH
JESSE BYRON DYLAN
2001

Rap et cannabis, toujours ! Comment ne pas évoquer *How High*, avec les rappeurs Method Man et Redman ? Les deux compères découvrent une weed magique qui a poussé sur les cendres de leur pote mort récemment… À chaque taffe, son fantôme leur rend visite. Depuis l'au-delà, il dispose de la science infuse et leur partage tout son savoir… jusqu'à permettre aux deux énergumènes d'entrer à Harvard, la plus prestigieuse des universités américaines. Une histoire pas totalement fantaisiste, puisque quand le rappeur Tupac est mort en 1996, ses potes lui ont rendu hommage en fumant... ses cendres ! Et que l'astrophysicien Neil Degrasse Tyson, lui-même diplômé d'Harvard, a confié être un fan absolu de *How High*.

6. *Podcast* Banana Kush *#30, 20 octobre 2021.*
7. *Idem.*

HAROLD & KUMAR

SCÉNARIO DE JON HURWITZ ET HAYDEN SCHLOSSBERG

2004, 2008 ET 2011

Le coup de cœur de Jacky Goldberg : « C'est une trilogie. Dans le premier, *Harold & Kumar Go to White Castle*[8], les deux personnages fument et donc ils ont la dalle, ils cherchent un burger pendant tout le film et vont avoir plein de problèmes avec la police. Le deuxième sort à la fin des années 2000[9] et nos deux personnages se retrouvent à Guantánamo, accusés de terrorisme du simple fait de leur couleur de peau. C'est une façon de revenir sur les années Bush, avec un message politique noyé dans la fumée. Le troisième est un film de Noël : *A Very Harold & Kumar Christmas*[10]. Cette trilogie est l'un des joyaux cachés de la comédie américaine. »[11]

SMILEY FACE

GREGG ARAKI

2007

Un des très (trop) rares *stoner movies* avec un personnage principal féminin ! Mais peut-être l'un des meilleurs. Anna Faris campe le rôle d'une actrice ratée, qui mange involontairement les space cakes cuisinés par son coloc (quelle idée de chiper dans les placards) avant d'entamer une journée des plus rocambolesques... « C'est un film très réussi, notamment les scènes de trip, on voit les vrais effets d'un abus de THC. Le réalisateur Gregg Araki est très doué : il a réussi à faire un film qui n'est pas trop fantaisiste, pour que

8. *En français : Harold & Kumar chassent le burger, 2004.*

9. Harold & Kumar Escape from Guantanamo Bay *(*Harold et Kumar s'évadent de Guantánamo*), 2008.*

10. Le Joyeux Noël d'Harold et Kumar, *2011.*

11. *Podcast* Banana Kush *#30, 20 octobre 2021.*

les gens qui connaissent le cannabis ne trouvent pas ça ridicule, mais aussi à ajouter le petit élément cinématographique qui va faire rire tout le monde. Donc c'est réaliste, mais en plus c'est très drôle ! »[12] PuNkY donne 3T : toncar, tarpé, teushi.

PINEAPPLE EXPRESS
DAVID GORDON GREEN
2008

Avec les géniaux Seth Rogen et James Franco, respectivement en stoner et en dealer. C'est l'un des rares blockbusters du genre, alors que la plupart des *stoner movies* ont été sous-financés, boudés par les salles pour sortir directement en VHS ou DVD. « Il y a peu de gens qui incarnent plus le cannabis à Hollywood aujourd'hui que Seth Rogen. Il a pris une place centrale dans cette culture grâce à ses films et à son business, puisqu'il a fondé l'une des plus grosses marques de cannabis de Californie »[13], analyse Jacky Goldberg. Mais c'est peut-être aussi l'un des derniers films du genre ! « À partir de là, on va perdre la sève des *stoner movies* américains. Ça devient très lisse, tellement commun, comme n'importe quel sujet lambda »[14], se désole Ace Modey. L'effet sur Hollywood de la légalisation en Californie ? Sans doute. Ou comment le cannabis perd de sa force subversive pour devenir un produit de consommation comme les autres.

12. *Idem.*
13. *Idem.*
14. *Idem.*

LES PÂTES DE FRUITS AU THC ONT CHANGÉ MA VIE.

MONSIEUR POULPE

À 40 ANS, MONSIEUR POULPE OU POULPY POUR LES INTIMES, A DÉJÀ EU PLUSIEURS VIES. DES VIES QUI L'ONT EMMENÉ DES PLATEAUX GEEK DE LA CHAÎNE DE JEUX VIDÉOS NOLIFE JUSQU'AU PLATEAU TOURNANT DE SON ÉMISSION *POULPOVISION*, SUR CANAL+. AVEC LE STUDIO BAGEL, IL EST DEVENU L'UN DES VISAGES DU RENOUVEAU DE L'HUMOUR D'ABORD SUR YOUTUBE, ET AUJOURD'HUI SUR TWITCH ET SUR TOUS LES RÉSEAUX. DANS *LES RECETTES POMPETTES*, IL TENTAIT DE CUISINER UN BON PETIT PLAT TOUT EN SERVANT SHOT SUR SHOT D'ALCOOL FORT À SON INVITÉ. COMÉDIEN, ANIMATEUR TOUJOURS SUR LA CORDE RAIDE, MONSIEUR POULPE S'EST MÊME ESSAYÉ À LA CHANSON PARODIQUE AVEC SON GROUPE LES ROIS DE LA SUÈDE. DEPUIS 2017, POULPE EXPLORE NOTRE SEXUALITÉ TOUS LES MOIS DANS *CRAC CRAC*, UNE ÉMISSION DE CANAL+ DEVENUE UN PODCAST. UNE PLONGÉE DÉJANTÉE ET TRÈS DÉCOMPLEXÉE DANS LES RAPPORTS ENTRE SEXE ET SOCIÉTÉ. POULPE NOUS A DONC REÇUS DANS SON BUREAU, SUR UN CANAPÉ EN SKAÏ QUI SENTAIT BON L'ÉROTISME ET SOUS UN NÉON ROSE QUI ANNONÇAIT LA COULEUR…

Monsieur Poulpe, bonjour.

Bonjour.

Merci d'avoir accepté notre invitation dans *Banana Kush*.

Je suis trop content parce que j'écoute *Banana Kush* ! J'ai tout écouté !

On nous as dit que tu avais écouté les podcasts trois fois, c'est vrai ? Personne ne fait ça dans la vraie vie !

[rires]

Je suis très studieux. J'ai réécouté pour être sûr de ne pas avoir loupé d'informations. J'ai beaucoup aimé l'émission sur les vieux. Rien que pour ça, vous devriez avoir, je sais pas, une médaille de chevalier du mérite.

[rires]

<u>Du coup, tu sais déjà par quelle question commencent nos interviews : quel fumeur es-tu Monsieur Poulpe ?</u>

Hé bien je ne fume pas ! Allez hop, fin de l'histoire. Au revoir, merci.

[rires]

Je ne fume pas parce que je n'arrive pas à comprendre le concept de fumer et d'inhaler puis de recracher la fumée… À chaque fois, je m'étouffe. Mais par contre, je mange. Moi, je mange la weed. Je ne fais pas partie des fumeurs mais des mangeurs.

<u>Mais ça veut dire que tu n'as jamais essayé de fumer un joint ?</u>

Si, bien sûr ! La première fois, je devais avoir 15-16 ans et il y avait un joint qui tournait donc j'ai essayé, j'ai crapoté. Il ne s'est absolument rien passé, j'ai dit « ouais, c'est vraiment nul cette histoire » et après je suis retourné jouer aux jeux vidéos. Donc c'était ma première incursion dans le milieu de la weed, c'était vraiment nul mais comme tout à cet âge-là je crois. Toutes les premières fois où on essaye de sortir un peu du cadre, en fait, c'est généralement à chier. Et puis de toute façon, il faut le faire le plus tard possible, parce qu'il n'y a pas trop d'impact quand on est adulte. Alors que quand tu es ado… J'ai vu énormément de gens, au collège et au lycée, qui fumaient vachement de weed et qui étaient vraiment zombifiés. Et après, t'as de vraies séquelles ! Tu deviens un peu con et c'est dommage. Du coup, moi, j'ai pas voulu réessayer.

Jamais ?

Ça se compte sur les doigts d'une main.

Alors à quel moment tu t'es dit que tu allais essayer de manger du cannabis ?

Il y a seulement un an. Je suis un bébé dans le *game* de la weed ! Je suis allé en Californie l'été dernier en fait, où c'est très démocratisé. À Los Angeles, j'ai un pote réal qui m'a emmené dans une officine de weed sur Venice Beach. Il est assez âgé en plus Peter, il m'a emmené vraiment comme un papa emmène son fils à la salle de jeu ! La franchise s'appelait MedMen et ça ressemble à un Apple store de la weed. C'est là que j'ai décidé de goûter un space cake. C'était le bon moment, les planètes étaient alignées. Le vendeur, avec son petit polo et son iPad, m'emmène au rayon *edibles*[1] et me dit : « Voilà les cookies, les boissons, les pâtes de fruits… » Et là j'explose de rire, je choisis les pâtes de fruits, j'en prends quatorze boîtes. Le soir, on a mangé nos pâtes de fruits. Et ma vie a changé. Ma carrière professionnelle aussi puisque maintenant, j'écris sous weed.

Vraiment ?

Depuis un an. Donc tout a changé ! Ma vie va beaucoup mieux. Je m'évade très régulièrement. En fait, je suis arrivé dans la weed

1. *Littéralement "comestibles" en anglais. Désigne les produits au cannabis destinés à être ingérés.*

avec un corps d'enfant, une résistance d'enfant. Donc la première fois que j'en ai mangé, ça a été une explosion ! Tu vois vraiment des choses… Tu as de vraies hallucinations. Je ne voyais plus des humains mais des flux d'énergies bleus et rouges. Ça et ce truc de gravité qui t'écrase. Je n'ai jamais ressenti ce truc à nouveau, mais c'était très impressionnant. Par contre, j'ai déjà eu des hallus en faisant l'amour et… là on bascule dans une autre couleur de cette interview. J'y vais ?

[rires]

<u>Allons-y, c'est le crossover *Crac Crac / Banana Kush* !</u>

C'est ça ! Quand je fais l'amour sous weed, j'ai parfois de vraies hallucinations. Une fois, on couchait ensemble avec mon ex, on en avait pris tous les deux, elle était de dos. Et à un moment, je ne sais pas ce qu'il s'est passé, mais j'ai eu l'impression que c'était un mec. Et ça m'a méga excité. Une autre fois, elle avait son visage en plus âgé – hyper étrange. Et là, il n'y a pas longtemps, j'ai embrassé une fille et à chaque fois que j'enlevais mon visage du sien, elle avait un visage différent. C'est génial parce que du coup tu embrasses plein de gens sur le même canapé.

[rires]

<u>Tu es en train de nous dire que le cannabis t'a éveillé à d'autres aspects de ta sexualité et de ton désir ?</u>

Complètement ! Mais il faut être dans le bon mood.

<u>Elles ressemblent à quoi ces fameuses pâtes de fruits ?</u>

À des petites pâtes de fruits de chez grand-mère, tu vois ! Je les ai ramenées en France comme une mule, mais depuis, mon trésor de guerre s'est évanoui. Donc j'ai trouvé une dealeuse à Paris qui fait des pâtes de fruits. Si tu nous entends, Steph, je t'embrasse.

Tu les consommes à quelle fréquence ?

À peu près une fois tous les quinze jours. Ça dépend. Ça dure longtemps : cinq-six heures… Là, c'est le confinement[2], je vous avoue qu'on est sur une fréquence plus vénère, mais parce que j'écris beaucoup aussi.

Donc pour écrire plus que pour faire la fête ? À quoi ça te sert dans l'écriture ?

Le truc avec ces pâtes de fruits c'est que mon cerveau fait des connexions. Donc quand j'écris de la fiction, tous les nœuds d'écriture, les trucs qui ne marchent pas, les personnages qui ne sont pas logiques… Tout ça explose en deux secondes sous THC. Et j'ai aussi des fulgurances d'idées. J'ai bientôt fini l'écriture d'un long-métrage dont le pitch vient d'une pâte de fruits. Avec mon associée, on est en train de développer une série qui est intégralement écrite sous pâte de fruits ! Bon le lendemain, quand tu relis, évidemment il y a de la merde un peu aussi.

Est-ce qu'un long-métrage que tu as écrit sous pâte de fruits peut se consommer sans pâte de fruits ?

Complètement ! Il y a une vraie construction narrative et tout, des vraies blagues, c'est assez impressionnant !

---

2. Entretien réalisé en décembre 2020.

Pourtant, le cannabis ne réussit pas toujours à ceux qui veulent écrire ou travailler…

Je pense que le fait d'ingérer, ce n'est pas du tout le même délire. Et que je réagis très bien au THC surpuissant. Mais après, l'écriture, c'est un muscle. Que j'ai déjà bien musclé.

Quand tu n'écris pas et que tu ne fais pas l'amour… Qu'est-ce que tu fais sous pâtes de fruits ?

Ce week-end, j'ai inventé un truc génial, une activité. On ne peut pas la commercialiser. Il faut que ce soit un truc partagé par l'humanité. Il n'y a pas de barrière de la langue, donc ça peut être international ! Ça s'appelle – c'est incroyable que personne n'y ai jamais pensé –, je l'ai appelé le *Sync Fart* (le pet synchronisé, *ndlr*). Le principe, c'est de péter très fort et de faire un *lip sync* de ton pet avec ta bouche, tu vois ?

[rires]

Comme quand tu fais du playback mais… de ton pet ! Et ce qui est hyper dur c'est que tu ne sais pas vraiment quel bruit ça va faire donc il faut affiner en live. C'est pas mal, non ? Je pense lancer un crowdfunding pour lancer un *Sync Fart Challenge* global.

[rires]

On voulait revenir sur un petit scandale que tu as provoqué il y a quelques années, en 2017…

S'il n'y en avait qu'un…

Je veux parler des *Recettes pompettes* ! Une émission YouTube du Studio Bagel, que tu animais à l'époque et dans laquelle tu recevais des personnalités pour cuisiner en buvant de l'alcool. Et dans l'une des ces émissions, avec Guillaume Canet, Thomas VDB, Mathieu Madénian, vous sortez un énorme pétard en pleine recette de cuisine !

On avait déjà fait une dizaine d'émissions *Les Recettes pompettes*… Et, je me disais « bon, ça fait dix émissions qu'on boit de l'alcool… » Du coup, je me suis dit qu'on allait fumer un joint à l'image, pour rester subversifs. Après le joint, il y a eu une séquence complètement inutilisable où on ne parlait plus… Il y a vraiment cinq minutes où on regarde un cheval et on ne parle pas.

[rires]

On a dû couper au montage. J'ai les rushes, peut-être qu'un jour, on balancera ça !

On a cherché l'émission sur YouTube, impossible de la retrouver…

Toutes les émissions ont été retirées. Le CSA a fait un scandale à cause de la consommation d'alcool, ils se servaient des *Recettes pompettes* pour obtenir une compétence sur les contenus Internet. Ils nous ont adressé un avertissement et sous la pression, Canal+ a préféré mettre les émissions hors lignes.

Il y a un sujet autour de la représentation des drogues à l'écran. L'alcool est soumis à la loi Évin. Pour le cannabis, c'est complexe : tu ne peux pas présenter sous un jour favorable un produit classé comme stupéfiant. Toi qui a eu affaire au CSA, comment tu vois tout ça ?

Sur Internet, on est régis par deux-trois géants du Web qui décident unilatéralement de ce qu'on peut montrer ou non, de ce dont on peut parler ou non. On pourrait avoir l'impression que la liberté est sur le Net, mais c'est presque plus fliqué que la télévision ! On ne peut même plus voir de tétons sur les réseaux, c'est quand même un truc de ouf. Il y a un vrai problème de liberté d'expression. Cette année, fort de cette découverte des pâtes de fruits, j'ai essayé de monter une émission qui parle de cannabis. En télévision, c'est impossible. Je me suis tourné vers les plateformes de streaming. Ça pose aussi énormément de problèmes, alors même qu'ils ne sont pas français ! Le Net n'est pas cette terre de liberté qu'on était censés avoir. C'est très flippant quoi. Bon voilà, c'était mon pamphlet pour la liberté. Alors, attendez, allons plus loin peut-être dans la folie de cette interview. Demandez-moi comment va ma famille ?

Comment va ta famille Monsieur Poulpe ?

Eh bien depuis un an que je leur fais manger des pâtes de fruits, les repas familiaux sont super !

[rires]

Noël, génial.

Raconte-nous. Autour de la table, il y a qui ?

On était cinq-six. Et du coup, je leur ai dit : « Mon cadeau de Noël, pour vous tous, c'est qu'on va manger des pâtes de fruits direct, avant le repas. » Ils ont un peu hésité, et puis au final… C'est sûrement la magie de Noël mais tout le monde a dit : « C'est parti, on le fait ! » Un repas surréaliste. On a énormément ri et on l'a refait en mars. Et ensuite, là, en juillet dernier, j'étais dans *Fort Boyard* et…

Ne nous dis pas que tu as fait *Fort Boyard* sous pâte de fruits !

Non non ! Pour la diffusion de *Fort Boyard*, j'étais en Normandie, avec ma famille. Je leur ai proposé de le regarder défoncé, et on l'a fait. Donc voilà, ma maman est la maman la plus incroyable de l'univers. Je le dis tout le temps mais c'est vrai.

EDIBLES, VAPORISATEURS… : PAS DE FUMÉE SANS BEUH ?

LES PÂTES DE FRUITS ONT CHANGÉ LA VIE DE POULPE, MAIS ELLES POURRAIENT BIEN ÉGALEMENT LUI SAUVER LA VIE… IL N'EST POINT QUESTION DE FAIRE ICI L'APOLOGIE DE L'INGESTION DE THC – QUI RESTE, PEU IMPORTE SA FORME, UN PRODUIT ILLICITE EN FRANCE, ET QUI, COMME TOUTES LES SUBSTANCES, PRÉSENTE SES PROPRES RISQUES. EN REVANCHE, UNE CHOSE EST CERTAINE : FUMER EST LA PIRE FAÇON DE CONSOMMER DU CANNABIS ! QUE L'ON CONSOMME DES FLEURS (L'HERBE, LA WEED, LA BEUH FRANGIN) OU DE LA RÉSINE (LE HASCHICH, LE SHIT, LE PILON FRÉROT), LA CONSOMMATION SOUS FORME DE PÉTARD IMPLIQUE UNE COMBUSTION QUI PEUT PROVOQUER DES CANCERS, DES MALADIES RESPIRATOIRES ET QUI AUGMENTENT LE RISQUE CARDIOVASCULAIRE. CAPITO ? MÉLANGÉ À DU TABAC DANS UNE FEUILLE À ROULER ET SANS FILTRE, C'EST ENCORE PIRE ! ON SE TARTINE LES POUMONS DE GOUDRON DANS LE PLUS GRAND DES CALMES. ALORS ON LÂCHE LE OINJ POUR UNE MEILLEURE RÉDUCTION DES RISQUES. PETIT TOUR D'HORIZON DES MODES D'ADMINISTRATION LES MOINS TOXIQUES :

L'INGESTION

C'est le choix de cœur de Monsieur Poulpe (et de Lio) : en space cakes, en bonbons… les *edibles*[1], comme on les appelle aux États-Unis, pullulent désormais dans les dispensaires de cannabis. Des sucreries ou des gourmandises salées renforcées au THC ou au CBD, pour un effet stupéfiant. Ça, c'est pour la version récréative.

1. *Littéralement "comestibles" en anglais. Désigne les produits au cannabis destinés à être ingérés.*

Mais du côté du cannabis thérapeutique et bien-être, l'ingestion est aussi un mode d'administration de premier choix, en gélules ou en gouttes. Attention, si elle permet de réduire les risques liés à la combustion, elle présente un vrai danger de surdose. Il est beaucoup plus difficile de maîtriser le dosage, les effets sont plus longs à monter et quand ils sont là, ils ne préviennent pas et durent longtemps ! Gare au *bad trip* !

LA VAPORISATION

Peut-être le mode de consommation le plus efficace à ce jour en termes de réduction des risques. Un vaporisateur, c'est un appareil du turfu qui ressemble parfois à une cigarette électronique, d'autres fois à un dispositif beaucoup plus imposant en forme de volcan. Mais point de e-liquide dans le vapo, qui chauffe directement le cannabis jusqu'à 180-190 °C. Pas assez pour que ça brûle mais suffisamment pour que la plante libère ses cannabinoïdes (THC, CBD…). Les molécules psychoactives sont ainsi inhalées dans un nuage de vapeur d'eau. Pas de combustion, juste les effets. Mieux : « La vaporisation est un mode d'administration à privilégier pour un usage à moindre risque, avec des effets rapides et une extraction des cannabinoïdes plus efficace que par la combustion », note l'association NORML France [2]. Moins de risques et plus d'effets, que demande le peuple ?

2. *www.norml.fr/sante-prevention-rdr/info-conso*

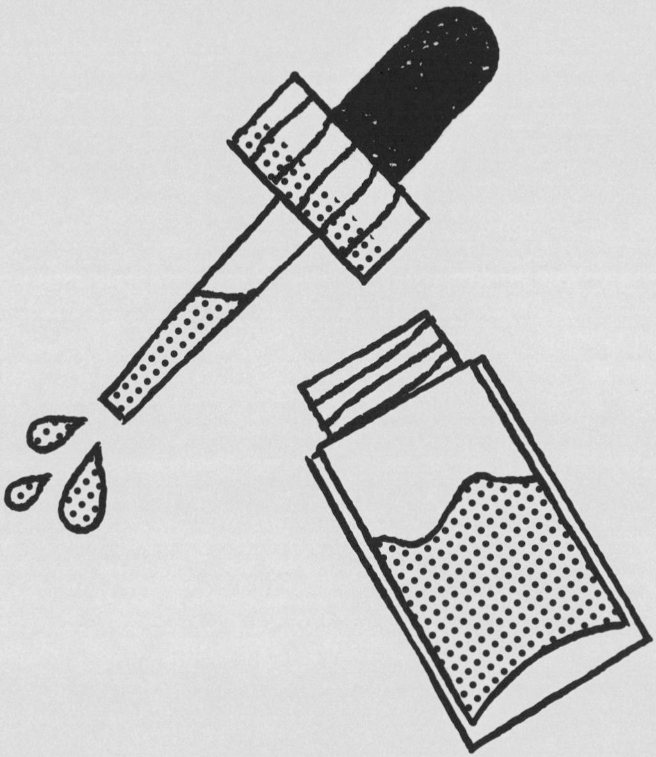

AVEC LE CBD, ON PEUT CHILLER SANS L’ANGOISSE.

LAURA FELPIN

CINÉMA, TÉLÉVISION, YOUTUBE, INSTAGRAM : ELLE DISTILLE SES BLAGUES SUR TOUS LES ÉCRANS, SUR TOUS LES RÉSEAUX, EN INCARNANT UNE ARMÉE DE PERSONNAGES QUI EN DISENT BEAUCOUP SUR NOUS – ET SUR TOUS CES GENS UN PEU RELOUS QU'ON CROISE DANS LA VRAIE VIE. LAURA FELPIN A EXPLOSÉ SUR INSTAGRAM EN S'AMUSANT À PASSER SON VISAGE ET SA VOIX AUX FILTRES DU RÉSEAU SOCIAL. UN SUCCÈS ONLINE QUI L'A PROPULSÉE SUR LA SCÈNE DES CÉSARS 2020 EN TANT QU'ANNICK JAVELOT, COACH SPORTIVE DE FLORENCE FORESTI. UN PASSAGE DANS L'ÉMISSION *QUOTIDIEN* SUR TMC, PUIS LE CINÉMA ET UN PREMIER SPECTACLE EN SOLO, *ÇA PASSE*, LANCÉ FIN 2021. LAURA FELPIN EST DRÔLE, TRÈS DRÔLE, ON A EU ENVIE DE LA RENCONTRER ET DE DISCUTER PÉTARD AVEC ELLE.

Bonjour Laura Felpin.

Bonjour !

Comment vas-tu ?

Fatiguée. Je n'ai pas dormi. Je suis en jeûne intermittent là mais je vais très bien !

En même temps tu fais 1000 choses à la fois Laura ! Est-ce que ça t'arrive de t'allumer un petit pétard le soir pour marquer la fin de tes longues journées ?

Alors, je vais vous décevoir mais… pas trop !

[rires]

Ça m'arrive d'inhaler la fumée de mon conjoint qui fume tous les soirs pour se décontracter. Et il y a quelque temps, j'ai découvert le CBD donc j'en ai un peu fumé parce que pour le coup, ça *chill* pas mal après ! Ça *chill*, sans l'angoisse. Parce que moi, j'ai eu une phase où j'ai pas mal fumé, mais où ça me faisait faire des crises d'angoisse. Et comme je suis un peu théâtrale dans ma manière de voir les choses, tout de suite si je fais une angoisse, je vais me dire : « Mais qu'est-ce que je vais écrire comme discours quand mon grand-père va mourir ? » Donc après je me suis dit « Ouais… c'est peut-être pas nécessaire ».

[rires]

<u>Donc tu as déjà consommé du cannabis. C'était quand ton dernier joint ?</u>

Alors, je me souviens de certains joints mais pas de mon dernier… En fait, j'ai eu plusieurs fois de super mauvaises expériences. Tu sais, le moment où tu sens que tu peux partir, c'est hyper bizarre… Tu sors un peu de ton corps. T'es angoissé en même temps. Donc j'ai tout arrêté. Je n'y ai plus jamais touché. Le dernier, ça doit faire presque sept ans. En fait, je fumais par mimétisme, parce que mon mec fumait donc je trouvais ça cool de fumer. J'ai un peu joué le jeu, mais ce n'était pas mon truc.

<u>Et le tout premier joint, tu t'en souviens ?</u>

Très bien ! Je devais avoir 19 ou 20 ans, c'était avec une copine plus âgée… J'ai fait une école de doublage et tu sais, quand tu fais des formations, tu croises toujours des gens qui sont un peu plus vieux, qui font une reconversion avec Pôle Emploi. J'avais une super pote que j'aime à la folie, une nana qui avait 40 ans à l'époque. Fraîchement divorcée, en pleine reconversion. Et cette femme ne fumait que des joints purs avec de l'herbe qu'elle faisait pousser dans son jardin. C'était de la weed pure, donc évidemment, elle était *chill* H24 ! Mais pas défoncée. Elle n'était pas éteinte, au contraire, elle était très joyeuse, elle sentait bon le patchouli. Et elle donnait envie de fumer du coup ! Moi à l'époque, j'étais jeune fille au pair à Saint-Germain-des-Prés. Elle était venue dormir un soir dans ma petite chambre de bonne et elle m'avait dit : « Allez, on s'en fume un ! » J'ai accepté et… ça m'a donné le plus grand fou rire de ma vie ! J'étais hilare ! Toute la soirée, on a ri, ri, ri… Après, j'ai toujours recherché cette sensation-là mais ça n'est plus arrivé, pas de la même façon. Et pour la petite information un peu “glauquos”… Depuis, elle a eu un cancer – mais elle est guérie aujourd'hui, tout va très bien. Et pendant sa chimio, elle se soignait avec de l'huile de cannabis pour soulager ses symptômes, retrouver l'appétit. Du coup je me dis : si un jour j'ai un cancer, ça va partir en méga *chill* !

[rires]

<u>Ta première expérience à 19-20 ans a été un peu tardive par rapport à beaucoup d'ados… Ça ne t'avait jamais attirée, plus jeune ? Le côté interdit ?</u>

Ado, je faisais beaucoup de sport, donc j'étais pas du tout dans ce milieu-là. Et puis je viens d'une famille qui n'a aucune addiction, qui ne boit pas trop d'alcool… On ne fait jamais d'apéro ! Mais ce que j'ai appris plus tard, c'est qu'en fait, mon père fumait des joints ! Papa, si tu lis ça, c'est excellent. Il allait jouer au tarot tous les vendredis soir et je pense qu'il en profitait. Il cachait ses joints dans une boîte, et plus tard, j'ai fait des rapprochements… Parfois je rentrais, il était à la fenêtre et il faisait semblant de secouer une nappe. Je me disais « c'est chelou, il secoue une nappe à 1 heure du mat ! ».

[rires]

Mais quand t'as 14 ans, tu comprends pas. Et des années plus tard, j'étais dans un bar en ville, je croise un pote, on parle de mon père… Et le mec me dit : « Mais attends, ton père, c'est Patrice ? » Je lui dis : « Bah ouais ! ». Et il répond : « Mais tu te fous de ma gueule ! J'ai fait une soirée avec lui et il a fumé un zdar ! ». Il nous montre une photo de mon père avec un joint énorme, et c'est hilarant parce qu'il ne me l'a jamais dit ! Maintenant, il ne fume plus du tout, mais c'était un truc qui était autour de moi sans que je ne m'en rende compte.

Vous n'en avez jamais parlé depuis ?

Je ne crois pas qu'il sait que j'ai vu la photo, mais il sait que je sais, et maintenant on en rigole ! On a fêté ses 60 ans il y a deux ans. Il a fumé un joint dans la soirée et il était trop drôle. C'est marrant parce qu'il a vraiment eu ce truc-là de joint rigolo, qui le fait parler. Mais pas en sale foncedé, tu vois… Tes parents, tu n'aimes pas trop les voir hors de contrôle. Là, il était jovial donc ça m'a fait beaucoup rire.

Tu as beaucoup recherché à revivre ton premier fou rire par la suite ?

Je me rappelle d'un joint avec une autre copine, qui était assez festif, on était trop contentes. Après ça, avec elle, on se gardait toujours des petits bouts de joints en se disant : « Ça va le refaire. » Et ça ne le refaisait pas ! Je n'ai jamais retrouvé ça sur le long terme.

Donc si tu as un peu continué à fumer alors que ce n'était pas très satisfaisant, c'était surtout dans le cadre de ton couple ?

Oui, pour faire genre « ouais moi aussi je fume » ! Quand mon mec se fait une fusée, c'est vrai qu'on n'est pas dans le même mood. Du coup, tu le fais parce que tu as envie d'être en phase avec quelqu'un. De vivre le même truc. Mais ça ne le faisait pas pour moi.

La consommation de cannabis s'inscrit parfois dans un rituel de couple… Comment ça se passe quand l'un est consommateur et l'autre pas ?

Et bim, ça se passe mal !

[rires]

Non je rigole. Mon mec, il a la défonce sympa. C'est son petit moment sur le balcon après une grosse journée de boulot. Ça ne me dérange pas du tout. C'est vrai que parfois, ça peut être un peu chiant quand t'es hyper vive, que tu as envie de faire un truc et que l'autre n'est pas dans cette même humeur mais bon, je ne me formalise pas. Ça fait dix ans qu'on est ensemble, donc si on voulait toujours les mêmes choses au même moment, ça se saurait !

[rires]

Par contre, souvent, on regarde des séries ensemble. Ça fait dix saisons qu'on suit et là tout d'un coup, il me dit : « Mais c'est qui ce mec ? » Et je dois lui expliquer : « Alors ça, c'est Batman et il est là depuis le tout début. »

[rires]

Il oublie tout au fur et à mesure ! Et l'autre truc, c'est que des fois, sexuellement… On a un bon ratio au bout de dix ans hein !

[rires]

Mais c'est vrai que quelqu'un qui fume beaucoup, ça peut altérer sa sexualité quand même. Ou sa flemme, plutôt.

<u>Ah le rapport complexe entre sexe et cannabis ! Il y a la flemme, mais cela peut aussi décupler les sensations…</u>

C'est vrai ça, je me souviens très bien avoir fumé avec des potes et mon mec en vacances à Cannes, avoir fait l'amour après et au moment de l'orgasme, m'être dit « ah ouais, les sensations sont incroyables ! » Mais jamais je ne me suis dit que c'était lié ni que j'allais recommencer. Je vais peut-être y remédier du coup !

[rires]

<u>Et donc tu t'es mise au CBD ?</u>

Oui, je suis devenue influenceuse CBD !

[rires]

Une marque nous livre des fleurs à la maison, de différentes sortes, c'est super. Et puis de l'huile de CBD aussi. J'ai trop envie de tester mais j'ai super peur. Donc elle est là sur ma table basse.

<u>Tu as peur de quoi ?</u>

J'ai peur d'être "défonsoss" !

Mais ça ne défonce pas le CBD, c'est le principe ! Tu peux y aller sans crainte…

D'accord : je vous citerai dans ma story Instagram. Je dirai : « Là, j'ai pris de l'huile. Je vous reparle dans trois heures. »

En revanche, il y a un enjeu aujourd'hui de traçabilité sur le CBD. Il y a des produits d'excellente qualité et puis des choses très marketées qui sont un peu bidons…

La marque qui m'en a offert, c'est sérieux, ils ont une vraie traçabilité. Tout est écrit dessus, la provenance et tout… Mais c'est vrai que la beuh de ma copine avec qui j'ai testé pour la première fois, elle venait de son jardin. Ça, c'est la plus belle des traçabilités. D'ailleurs, un jour mon mec a planté une graine qui a germé en trois jours, qui a commencé à sortir… et ma chatte l'a bouffée !

[rires]

Elle était toute petite en plus. C'était un bébé chaton. Pendant deux-trois jours elle devait se dire « wow… Mais qui sont ces gens avec qui je vis ? » Elle avait l'air chillax. Comme d'hab quoi, pépouze. Mais bon, il faudrait peut-être se renseigner sur ce que ça peut faire aux animaux.

Sur Instagram il y a une photo de toi adolescente en colonie de vacances, avec cette légende : « C'est loin du succès et dans les sanitaires d'un camping que nous retrouvons Laura, jeune adolescente de 16 ans, en charmante compagnie. La paupière inférieure crayonnée de noir, elle arbore un regard qui ne tolère aucune autorité parentale. Quant au collier à boules, il semble témoigner d'un probable usage de drogue douce, plus connu peut-être sous le nom de Marie-Jeanne. » Je laisse nos lecteurs se rendre sur ton profil pour avoir l'image qui va avec la légende… Alors, raconte-nous cette colo sous marijuana ?

Ce n'était absolument pas sous Marie-Jeanne ! Elle était sous Tryo et sous La Rue Kétanou, cette colo en fait ! On était trop jeunes, on avait 17 ans, on ne fumait pas du tout de joints. Pas un seul. C'est quand même terrible.

Pour une colonie de vacances, oui.

[rires]

Je ne sais pas si c'est parce qu'on était des filles mais… J'ai l'impression qu'on était vachement grandes gueules sur des trucs, mais que la réalité ne suivait pas du tout ! Tu sais, le côté « j'écoute Korn, j'écoute Slipknot » alors qu'en vrai… c'est Jenifer dans ton iPod. Après, on a tous eu ce mec au lycée qui passe toute sa scolarité défoncé. Ça va pas très bien, il switche, il est schizo… On le connaît lui, on l'a tous eu ! Pour les ados, le cannabis c'est compliqué quand tu as des petites fragilités.

On ne répètera jamais assez que si vous devez être amené à consommer, il vaut mieux commencer le plus tard possible. Le cannabis peut faire des ravages psychologiques et neurologiques chez les adolescents.

Ça c'est pour mon frère de 19 ans. Tu entends ça Clément ? Tu arrêtes tout de suite !

[rires]

Tu disais à l'instant qu'ado, ton côté grande gueule, mais sans que la réalité suive, c'est peut-être parce que tu es une fille… Tu penses qu'il y a un truc particulier vis-à-vis du cannabis quand on est une femme, que c'est plus stigmatisé ?

C'est le moment où je pars dans un grand discours sur le patriarcat !

[rires]

Oui, ça s'ancre là-dedans. La drogue, quand tu es jeune, c'est typiquement masculin parce qu'on dit aux garçons qu'ils sont des aventuriers. On nous apprend que ce n'est pas joli une fille qui perd le contrôle. On a tous des copines bourrées, ça passe moins qu'un mec bourré et pourtant les mecs bourrés, ils sont schlags, je peux te le dire ! Ce n'est pas juste, je ne vois pas pourquoi on n'y aurait pas droit. Mais c'est vrai que moi, je ne consomme quasiment rien, je ne bois pas d'alcool. Mon mec voit ça comme un truc un peu noble. Et je ne sais pas ce qu'il en penserait si je me mettais des caisses… Pour beaucoup de mecs, c'est pas très féminin, c'est pas très joli tout ça. Mais ça commence à bouger un peu quand-même. Espérons qu'on puisse se défoncer d'ici quelques années sans problème.

[rires]

Est-ce que tu es cliente de ce qu'on appelle l'humour de stoner, qui imprègne tout un pan du cinéma américain… ? Ça te fait rire ?

Récemment, j'ai découvert *Key & Peele*, alors ça, il faut aller voir ! Ce sont de super comédiens, deux super auteurs qui font des sketchs sur YouTube. Peele, c'est Jordan Peele, le réalisateur de *Get Out*. Ils sont géniaux ! Dans leurs sketchs, ils font les mecs défoncés, ils passent leur temps à dire « hey man » et c'est hilarant. J'ai beaucoup aimé aussi le film *True Romance* où Brad Pitt joue le copain foncedé. On ne le voit que dans des plans où son pote passe et lui, il est sur le canap et il fait : « Mec, je peux t'aider ? » On le sait peu mais il a un potentiel comique incroyable, Brad Pitt !

Et toi qui adores incarner des personnages archétypaux… Tu as déjà incarné une stoneuse ? Ça peut être un bon personnage ?

Il faudrait que je prenne le temps de bien les observer, parce que ce n'est pas simple à faire ! C'est dans la manière de parler, il va y avoir un truc beaucoup plus lent, beaucoup plus lourd, sur les lèvres… Et puis c'est une manière de réfléchir aussi. Mais c'est un état d'esprit que je ne connais pas très bien au final. Il n'y a pas très longtemps, j'ai passé un casting, je devais faire une meuf bourrée et c'était le pire moment de ma vie ! Moi j'ai été formée à l'Actors Studio où tu travailles sur des équivalents dans ta vie. Pour la weed ou l'alcool, j'ai trop peu d'expérience… Mais peut-être qu'après avoir testé cette huile de CBD, je ne vais faire que ça !

Tu te souviens que ça ne défonce pas Laura ?

[rires]

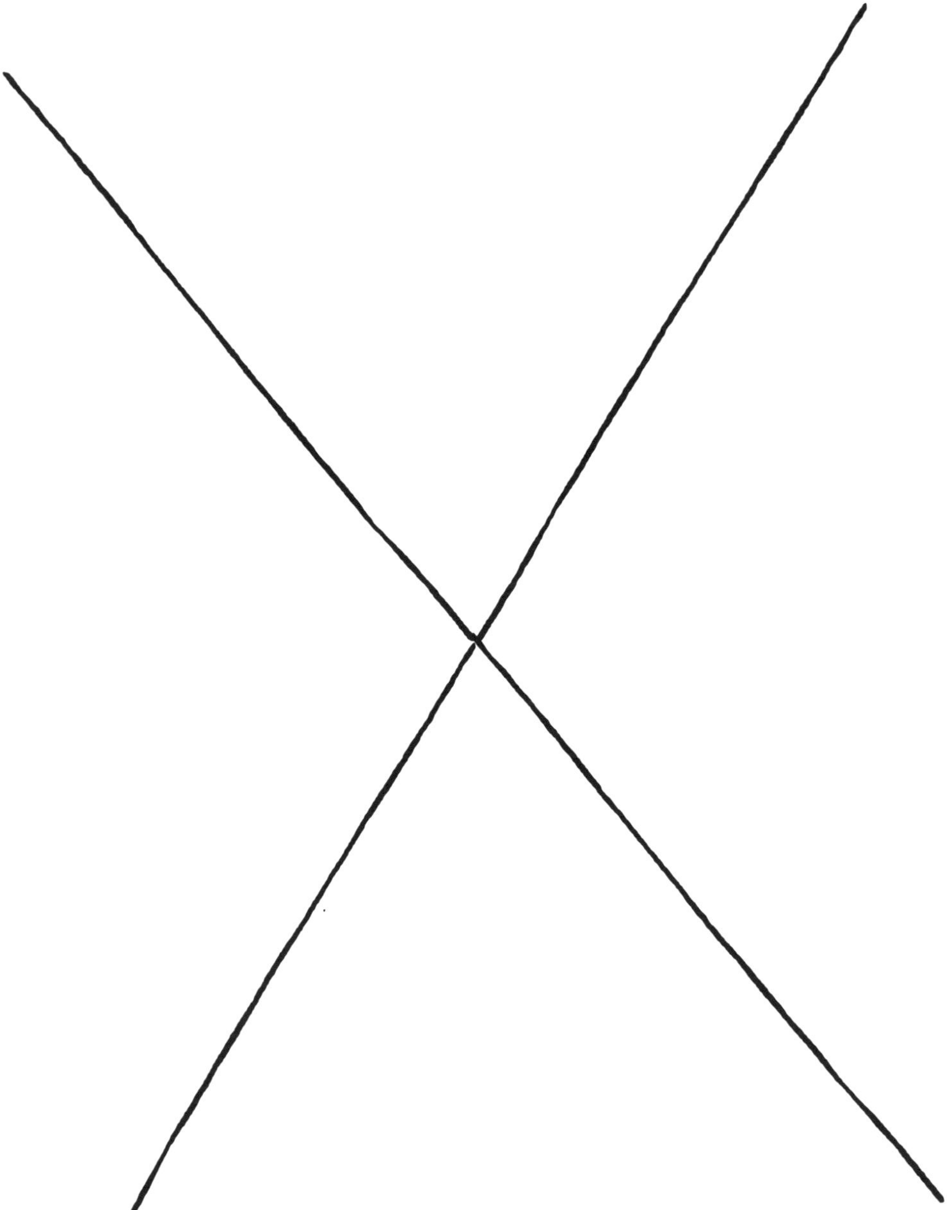

THC, CBD ET AUTRES CANNABINOÏDES : LES MOLÉCULES ÉLÉMENTAIRES

« LE CBD, C'EST DU CANNABIS LIGHT »… UN RACCOURCI UN PEU GROSSIER. DEPUIS QUE LES PRODUITS AU CBD SONT DEVENUS DES BIENS DE CONSOMMATION GRAND PUBLIC QUE L'ON TROUVE EN SUPERMARCHÉS, LE MARKETING S'EST ENGOUFFRÉ DANS LA BRÈCHE ET ON NOUS RACONTE TOUT ET N'IMPORTE QUOI. POUR BIEN COMPRENDRE CE QU'EST LE CBD, IL FAUT COMMENCER PAR UN PETIT COURS DE CHIMIE MOLÉCULAIRE…

Le cannabis, comme toutes les plantes, contient de nombreuses molécules. Il y en a même plus de 120 au total, que l'on appelle les cannabinoïdes. Ou plus exactement les phytocannabinoïdes, c'est-à-dire ceux que l'on trouve dans les végétaux. Ce sont ces molécules qui produisent des effets sur notre corps et sur notre esprit via des récepteurs cannabinoïdes présents dans notre cerveau.

Parmi tous ces cannabinoïdes, la star, c'est le tetrahydrocannabinol ! Ça ne vous dit rien ? Son petit nom, c'est le THC. C'est lui qui fait planer, lui qui procure l'effet recherché dans un usage récréatif : l'ivresse cannabique.

Mais depuis quelques années, le THC se fait voler la vedette par un autre phytocannabinoïde : le cannabidiol a.k.a. le CBD. Relaxation, détente, somnolence… Voilà les effets observés du cannabidiol. Et quand on parle de CBD pour désigner des fleurs ou des huiles, c'est un abus de langage : il s'agit en fait de variétés de cannabis composées majoritairement de la molécule CBD (5, 10, 20 %…) et quasiment sans THC (moins de 0,2 %). Pas de THC, pas de “défonce”, pas d’effet psychoactif ; en revanche, ce qui subsiste, c’est l’effet plus subtil du CBD.

Mais le cannabis contient aussi du CBC, du CBG, du CBN… et plein d’autres molécules à trois lettres, que l’on connaît très mal car la recherche sur le potentiel du cannabis n’en est qu’à ses balbutiements. Vous les croiserez parfois en magasin sous diverses formes, avec diverses promesses de détente et d’apaisement.

Si l’on trouve tous ces cannabinoïdes directement dans la Nature, l’Homme sait aussi les reproduire ou les imiter en laboratoire. Dans le langage courant, on parle à tort de “cannabis de synthèse” : ce sont en fait des “cannabinoïdes de synthèse”. C’est quoi encore, ce truc ? Depuis le début de la crise sanitaire, des fleurs de CBD saupoudrées de ces cannabinoïdes de synthèse circulent en France, vendues sur le marché noir comme du vrai cannabis. Or elles sont beaucoup plus puissantes, souvent mal dosées. K2, Spice, Bizarro, Black Mamba, Buddha Blues, Pète Ton Crâne, Noïds, Chimique… Derrière cette myriade de noms, des produits différents, mais qui peuvent provoquer des accidents voire des morts par overdoses. [1]

Alexandre est en charge d’un dispositif d’alerte qui permet à chacun de signaler des produits stupéfiants suspects ou dangereux, pour l’association NORML France. Il nous met en garde face à ces nouveaux produits qui sont tout, sauf du cannabis :

« “Cannabis de synthèse” ne veut rien dire car le cannabis ne peut

1. *Le cannabis “naturel” présente divers dangers pour la santé mais il n’a pas de dose létale. Il est donc impossible de mourir d’une overdose de pétards.*

pas en soi être synthétisé dans sa globalité. Les cannabinoïdes de synthèse sont des molécules reproduites en laboratoire. Mais là encore, on manque de précision. Il y a, d'une part, les phytocannabinoïdes de synthèse, c'est-à-dire des molécules de CBD ou de THC qui sont reproduites à l'identique en laboratoire – ce sont les mêmes que celles trouvées à l'état naturel, elles sont utilisées en pharmacologie ou en cosmétique. Et d'autre part, les néocannabinoïdes, qui viennent imiter les effets du THC mais qui sont de nouvelles molécules, qu'on ne trouve pas à l'état naturel. Ce sont ces néocannabinoïdes qui sont utilisés en spray sur des fleurs de CBD vendues au marché noir. »[2]

Des produits chimiques extrêmement dangereux. En cas de doute, rapprochez-vous d'une association comme NORML France ou d'un CAARUD (Centre d'accueil et d'accompagnement à la réduction de risques pour usagers de drogues), pour signaler le produit.

2. *Podcast* Banana Kush *#23, 24 mars 2021.*

EN ARRÊTANT DE FUMER, J'AI RETROUVÉ MES RÊVES.

SÉBASTIEN THOEN

MEMBRE REDOUTABLE DE LA BRIGADE HUMORISTIQUE *ACTION DISCRÈTE*, DERNIER PRÉSENTATEUR DU MYTHIQUE *JOURNAL DU HARD*, CHRONIQUEUR DANS *LE GRAND JOURNAL* ET DÉSORMAIS SOCIÉTAIRE DES *GROSSES TÊTES*, SÉBASTIEN THOEN A PLUS D'UNE LIGNE SUR SON CV AUDIOVISUEL. SON NOM RESTE ASSOCIÉ AUX GRANDES HEURES DE CANAL+ OÙ IL ENTRE EN 1996, DANS L'ÉMISSION DE KARL ZÉRO. C'EST DANS LES COULOIRS DE LA CHAÎNE QU'IL RENCONTRE SES DEUX COMPÈRES THOMAS SÉRAPHINE ET JULIEN CAZARRE. ILS FORMERONT PLUS TARD *LES ZOZOS MIGRATEURS*, UNE JOYEUSE BANDE QUI PARCOURT LE MONDE AVEC UNE SEULE RÈGLE : L'ABSURDITÉ. JUSQU'EN 2020, ANNÉE OÙ SÉBASTIEN THOEN EST MIS À LA PORTE. LA FAUTE À UNE PARODIE DE L'ÉMISSION *L'HEURE DES PROS*, L'ÉMISSION PHARE DE CNEWS, ET À UN NOUVEAU PATRON DU GROUPE, VINCENT BOLLORÉ, QUI FAIT RÉGNER LA TERREUR EN INTERNE. MAIS QUAND NOUS RENCONTRONS SÉBASTIEN THOEN, NOUS SOMMES EN MARS 2019. *LE ZOZO MIGRATEUR* EST TOUJOURS SUR CANAL+ ET IL REVIENT TOUT JUSTE DE JAMAÏQUE…

Sébastien Thoen, Bonjour.

Bonjour ! Enchanté. Sébastien Thoen, 42 ans, capricorne, hétérosexuel. Et intermittent du music-hall, enfin du spectacle.

Et zozo migrateur ! Tu reviens de Jamaïque. Tu peux nous raconter ?

Les Zozos migrateurs, c'est un nouveau projet du groupe. C'est un documentaire touristico-comique. On est trois anciens d'*Action discrète* qui partons à l'étranger avec un problème à régler ou une mission à remplir. Par exemple, si l'un de nous est un peu déprimé, les autres lui disent : « Viens, on t'emmène au Danemark. C'est le pays où les gens sont les plus heureux. Il y a une étude scientifique très sérieuse. » Et c'est un prétexte pour voir du pays. Cette fois-ci, on avait une mission collective : il fallait enregistrer le tube de l'été. Et on sait de source sûre que cette année, ce sera un morceau de reggae. Donc on est partis en Jamaïque pour une semaine. On est rentrés il y a quinze jours.

Première fois en Jamaïque ?

Première fois et grosse claque culturelle. Petite île mais grosse identité. Et tout le monde fume des joints, partout. On en vend partout. Dans les musées – le musée Bob Marley, ils t'en vendent. Dans les soirées, l'ouvreuse qui prend les fringues, elle te vend des Chupa Chups et de la beuh.

C'est tout à fait légal là-bas ?

C'est plus que toléré. On n'est pas non plus à Amsterdam ou au Québec, mais c'est culturellement installé.[1]

J'imagine que le documentaire est un peu enfumé du coup ?

Alors, nous, tu sais, on est des vieux ! Et puis on a quand même 30 ans de drogue et de hooliganisme derrière nous donc on fait la part des choses.

[rires]

On sait que c'est important de ne pas fumer beaucoup. Ça s'est parfois fait naturellement parce qu'on traînait avec des rastas. On a fait un studio de musique, on a rencontré des potes de Bob Marley… Donc forcément, ça fumait partout autour de nous. Oui, il y a

1. *Pour plus de précisions, voir focus « Rastafari ! Mythes et réalités en Jamaïque » p. 187.*

eu un space cake. Oui, il y a eu un bang avec la noix de coco là comme ils font, ils mettent une noix de coco et puis une pousse de bambou, c'est vachement drôle. Oui, il y a eu de l'opium, bref c'est Canal+ quoi[2] ! On bossait.

<u>Et ça, vous pouvez le garder au montage ?</u>

Alors, très bonne question. Effectivement, le prosélytisme est interdit. Si on fumait en disant : « Ouais, c'est super les joints ! », le CSA nous tomberait dessus. Et c'est pas plus mal. Ce discours-là, c'est pas possible. En revanche, on ne peut pas dire aux locaux : « Arrêtez de fumer, s'il vous plaît, on filme ! » On est en Jamaïque, on filme des gens, des rastas. Oui, parfois, ils ont une cigarette qui fait rire à la bouche.

<u>Et du coup, ce tube de l'été, vous l'avez vraiment enregistré ?</u>

Absolument. Et dedans, on dit qu'on ne fume pas de ganja. En fait, des prêtres rastafari nous ont dit : « Tu peux ne pas être rasta, tu peux ne pas être jamaïcain. Il faut juste être toi-même. » On n'est pas blacks, on ne fume pas des joints tout le temps, donc autant être… nous-mêmes. Et du coup, la chanson c'est un reggae où on dit qu'on ne fume pas de joint.

<u>Tu parles de prêtres rastafari et c'est vrai que dans la religion rastafari, la weed, le cannabis, c'est presque un sacrement. Il a une dimension spirituelle. Est-ce que vous l'avez ressentie ?</u>

Tous nous parlent de transe. Il faut fumer de l'herbe avant de rentrer dans une prière rastafari. Avant d'enregistrer un morceau,

---

2. *C'était, en tout cas.*

avant de chanter. Ah oui, c'est obligé. Et ils ne mettent que de l'herbe. C'est un euro le gramme, me disait Julien Cazarre qui lui, en a acheté. Pas moi évidemment !

[rires]

<u>Et le space cake, ça s'est bien passé ?</u>

Tu fais bien d'en parler. Thomas Séraphine, ce gros gaillard, il a mangé un peu du space cake par hasard, ça traînait. Et il a fait un énorme *bad trip*. Le fait d'ingurgiter, de manger du cannabis, c'est pas le même effet, c'est puissance 1000 ! Tout le monde n'est pas prêt à encaisser ça. Thomas, c'est pas un fumeur de joint quotidien. Il l'a mal vécu. Donc les jeunes, si vous m'écoutez : faites attention.

<u>Et à part ce voyage en Jamaïque, est-ce que dans la vie tu es un fumeur de joint ?</u>

J'ai beaucoup fumé en étant jeune, entre 20 et 25 ans, comme tous les branleurs étudiants socialistes. J'ai arrêté parce que j'ai fait un *bad trip*. Je revenais de Hollande avec des potes, à Amsterdam où tu fais n'importe quoi ! Je reviens, je fume, je prends un doliprane et des champis. Tu as vu, je place doliprane pour que ça fasse un peu plus légal !

[rires]

Bref, je fais n'importe quoi et là, je tombe dans les pommes. Le lendemain, je fume un joint et la moindre bouffée me fait partir en live. Les jours suivants, ça continue. Du coup, petit à petit, j'ai complètement arrêté. Et j'ai retrouvé mon sommeil, je me suis remis à rêver ! Au bout de quelques jours, je faisais des rêves, mais laisse tomber… Entre *Indiana Jones*, *Les Snorky*, *Oui-Oui*, l'Assemblée nationale et les Gilets jaunes, qui n'existaient même pas encore ! Ça, j'ai kiffé. Maintenant, je fume parfois des lattes avec Julien Cazarre. Mais très rarement. C'est comme un grand vin. Un grand shit, je considère que c'est comme un grand cru, il faut l'apprécier. Tu as envie que ce soit pour une occasion spéciale, un week-end avec des amis, entre proches. Tu ne fumes pas 36 joints : tu en fais un, tu le partages. Et il faut que ce soit rare. C'est comme la partouze, comme la manif bleu-blanc-rouge, plus c'est rare, mieux c'est ! Je ne connais pas beaucoup de gens qui fument tous les jours et que ça n'a pas un peu travaillé, à qui ça n'a pas posé de problème. J'ai vu plein de potes fumeurs s'éteindre. Qui n'ont pas trouvé leur voie, qui sont restés chez eux, qui se sont endormis. Il faut le dire. Mais c'est génial de fumer de temps en temps. Et j'emmerde la police !

[rires]

Il paraît que la prochaine destination pour *Les Zozos migrateurs*, c'est le Québec ?

Je vous vois venir. C'est vrai que là-bas, c'est légal. Vous allez vous dire : « Les mecs sont payés pour faire le tour du cannabis dans le monde ! » Et pourquoi pas ? C'est ça Canal+, on est des fous ![3]

3. *Voir note précédente.*

RASTAFARI ! MYTHES ET RÉALITÉS EN JAMAÏQUE

UN TRIP EN JAMAÏQUE, COMME CELUI DE SÉBASTIEN THOEN ? PLUS QU'UN VOYAGE, UN PÈLERINAGE POUR BEAUCOUP D'AMATEURS DE GANJA. DANS L'IMAGINAIRE COLLECTIF, DEPUIS L'EXPLOSION DU REGGAE DANS LES ANNÉES 1970 ET LE SUCCÈS MONDIAL DE L'ICÔNE BOB MARLEY, L'ÎLE CARIBÉENNE EST À JAMAIS MARQUÉE DU SCEAU DE LA FEUILLE DE WEED. RASTAFARI ! VERT-JAUNE-ROUGE, DREADLOCKS, GROS PÉTARD : ENQUÊTE EXCLUSIVE DANS LES COULISSES DE L'EDEN DE LA WEED.

Pour comprendre la place du cannabis dans la société jamaïcaine, il faut remonter dans le temps. Au XIXe siècle, la Jamaïque est sous domination anglaise. De l'autre extrémité de leur empire, les Britanniques font venir dans les Caraïbes des travailleurs indiens. Ce sont eux qui ramènent la "ganja" dans leurs valises – un mot qui vient du sanskrit. Bien installée sous le climat jamaïcain, la nouvelle plante prospère et s'inscrit vite dans les mœurs des descendants d'esclaves africains. Une fusion s'opère entre les deux cultures africaine et indienne. Tant et si bien qu'en 1913, l'administration coloniale décide d'interdire la culture et la consommation de cannabis. Un moyen de contrôle des populations non-Blanches.

C'est dans la foulée, à partir des années 1930, que se développe la spiritualité rastafari. Le mouvement remet en cause l'interprétation occidentale de la Bible, fait de Zion sa terre promise, de l'empereur Haïlé Sélassié[1] le Roi des rois et du cannabis, son sacrement.

1. Dernier roi des rois d'Éthiopie de 1930 à 1936.

La plante, qui permet à l'âme de s'élever, est pleinement intégrée au rituel. Bref, vous l'aurez compris : la Jamaïque et la weed, c'est une relation longue et suivie, une histoire sérieuse.

Et pourtant, l'île n'a pas légalisé le cannabis avant… 2015 ! La weed est désormais légale, mais seulement à des fins médicales, scientifiques ou religieuses – ça, c'est pour nos amis rastas. La consommation récréative est, elle, dépénalisée. Les Jamaïcains peuvent désormais cultiver jusqu'à cinq plants par personne et avoir sur eux jusqu'à 56 grammes de cannabis[2]. L'État l'a bien compris : des légalisations sont à l'œuvre à travers le monde, il n'est pas question de rater le coche. Les autorités investissent dans le secteur, développent un cannatourisme médical, misent sur les exportations au Canada…

Mais depuis 2018, année des premières récoltes, la weed produite légalement en Jamaïque n'a que très peu affecté l'historique marché noir. Il continue de prospérer, avec des prix divisés par cinq ou dix par rapport aux dispensaires de l'État. Locaux et touristes continuent à s'approvisionner dans la rue. Et en 2020-2021, coup dur pour tous : la pandémie ralentit les cultivateurs, une terrible saison des ouragans détruit de nombreuses plantations, une longue période de sécheresse en achève d'autres… La production est en chute libre. Les journaux internationaux titrent, amusés : « Pénurie d'herbe au pays de la fumette ! »[3]

Jah soit loué, légal ou pas, les sages rastafari n'ont jamais cessé de cultiver leur petit plant de weed perso, "inna di yard" – dans leur bout de jardin.

---

2. C'est beaucoup.

3. Francetvinfo.fr, 9 février 2021.

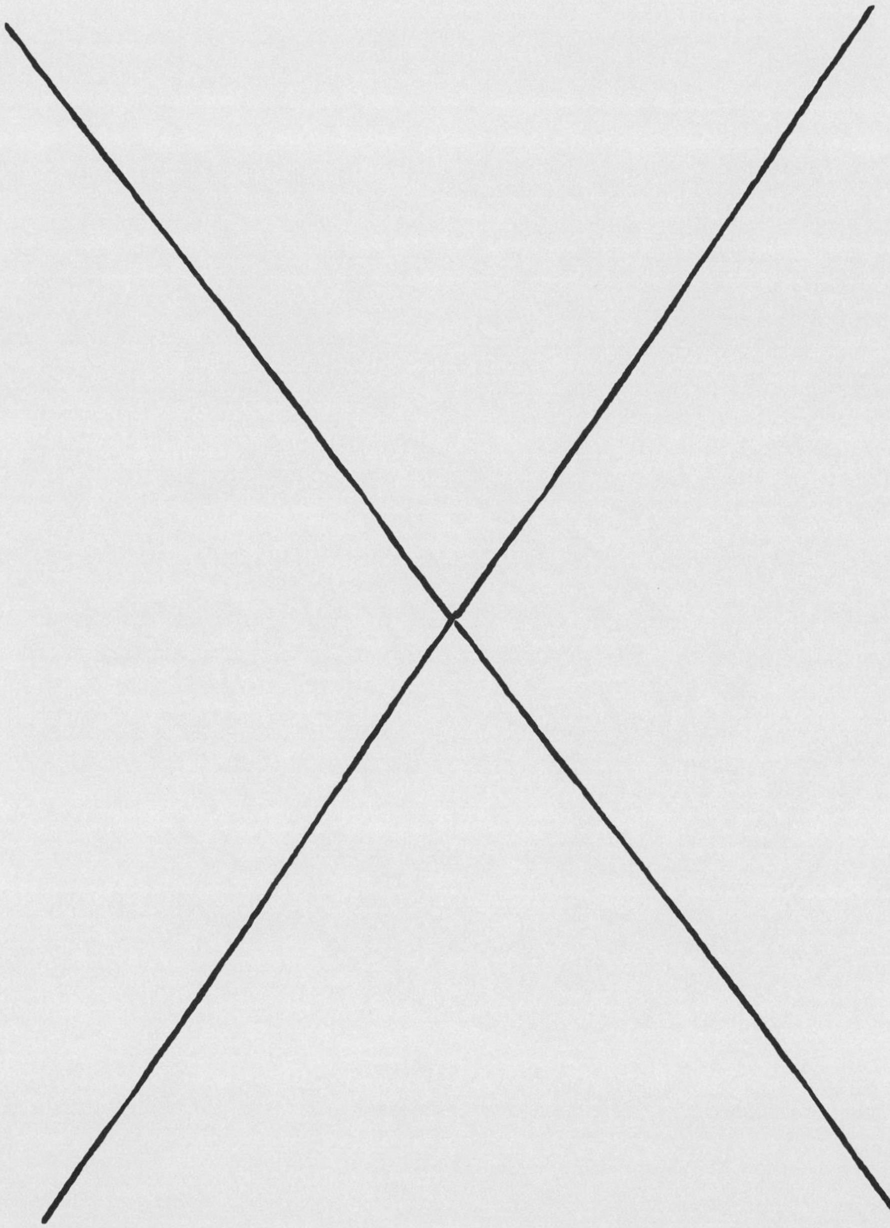

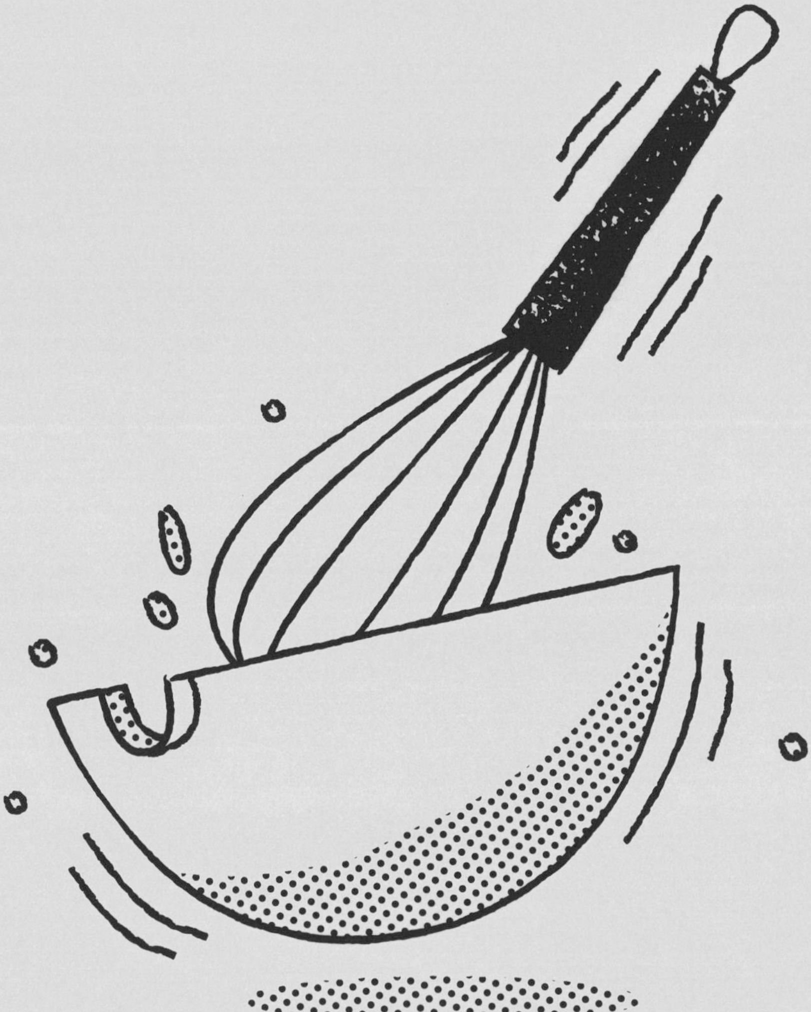

LA WEED,
C'EST COMME
LA CUISINE,
TU MANGES
D'ABORD
AVEC
LES YEUX.

SCOTCH-MAN

IL DÉGUSTE SA WEED COMME IL SAVOURE SA POULE AU POT. FRANCK MORELLO, ALIAS SCOTCH-MAN, EST UN CHEF CUISTOT QUI AFFECTIONNE LES SAVEURS DE LA FRANCE D'ANTAN ET REVISITE LES RECETTES DE GRAND-MÈRE. UN GOURMET À LA SAUCE INTERNET QUI TIRE SON NOM DE SUPER-HÉROS DE L'ÉPOQUE OÙ IL S'AMUSAIT À SCOTCHER TOUT ET N'IMPORTE QUOI. AVEC SA DÉGAINE D'HUNTER S. THOMPSON[1] DE BANLIEUE PARISIENNE, LE TRENTENAIRE S'EST FAIT CONNAÎTRE SUR YOUTUBE AVEC *COOKING WITH SCOTCH*, UN SHOW CULINAIRE TOTALEMENT BARRÉ. EN 2018, IL PARTICIPE À *TOP CHEF* ET LANCE SON ÉMISSION *SCOTCH CUISINE EXTRA FORTE* SUR CANAL+. MAIS IL N'EST PAS RARE DE LE CROISER AUSSI DERRIÈRE DES PLATINES DE DJ. ON A RENCONTRÉ SCOTCH-MAN À SAINT-OUEN, SA VILLE DE CŒUR, ET ON A ÉVIDEMMENT PARLÉ FRUITS ET LÉGUMES.

Bonjour Scotch-Man.

Salut, ça va bien ?

Tout roule et toi ?

Réveil un peu difficile. Je me suis laissé embarquer dans une petite escapade parisienne hier soir… mais c'était une bonne soirée.

Depuis le mois de septembre, tu animes une émission sur Canal+ Décalé, dans laquel tu nous apprends à cuisiner de bons petits plats à un rythme infernal, en enchaînant les blagues. Et dans le dernier épisode[2], tu as préparé un pétard fish & chips. C'est quoi la recette ?

1. *Journaliste américain qui popularise le "gonzo", un style de journalisme alternatif ultra-subjectif, dans les années 1970. Auteur notamment de* Las Vegas Parano.
2. *Entretien réalisé en novembre 2018.*

C'était pour rigoler ! J'aime bien rigoler avec la dope et les produits en cuisine. Je bosse dans un grand restaurant et je faisais tout le temps une blague que j'adore : je faisais exprès de mettre de la farine sur le bout de ma narine. Et j'arrivais comme ça devant le chef :

[modifie sa voix]

« Chef, excusez-moi. »

Et les mecs y croyaient comme des oufs ! C'était très drôle. Pareil, je m'amusais à prendre du persil et à le mettre dans des feuilles de sopalin : gros spliff, à allumer au-dessus du gaz. Ça faisait rire tout le monde. Ouais, j'aime bien rire avec les addictions que certains peuvent avoir dans le milieu de la nuit et de la restauration.

Et au-delà de la blague, ça t'arrive de cuisiner des bons petits plats avec du cannabis ?

Surtout pas ! Je veux bien faire des blagues et être créatif sur plein de trucs, mais en cuisine, je n'ai pas envie de créer. Je reproduis ce qu'on m'a appris, je pars sur des valeurs sûres. Après, les mecs qui mettent de la weed dans des tempuras, je trouve ça marrant, mais j'ai pas envie de bouffer ça. Ça ne m'intéresse pas.

Pourtant, est-ce qu'il n'y a pas quelque chose à inventer, en matière de cuisine et de cannabis ? C'est un domaine gustatif qui a encore été très peu exploré…

Déjà, le terme "cannabis", ça me saoule. Je ne dis pas "cannabis", je dis de la ganja ou de la weed ! Mais l'idée, ça pourrait être de la pâtisserie salée. Après, je ne vois toujours pas trop l'intérêt… Je trouve que c'est du gâchis. La weed, je la fume.

<u>Et quel fumeur de weed es-tu, Scotch-Man ?</u>

Je suis un bon fumeur. Je fume du réveil au coucher, on va dire… Ça fait partie de ma vie. Les premières fois, ça m'a fait dormir. Des années plus tard, j'ai réessayé dehors et ça ne m'a plus quitté. Ça fait dix ans. C'est mieux que les médocs et c'est mieux que l'alcool, je trouve. J'ai toujours un mini spliff sur moi. Toujours une petite banane de sécurité. À tout moment, tu peux avoir besoin de force, tu vois.

<u>C'était quand, ton dernier pétard ?</u>

Sur le chemin, en venant.

<u>Et ton tout premier ?</u>

À l'adolescence, on faisait des soirées chez mon pote à Drancy… On faisait sécher des fils de banane, des trucs comme ça. On expérimentait. Mais moi, je ne tirais pas dessus, ça me faisait un peu peur. Mon premier oinj, c'était à 18 ans, je pense. Une latte un soir et ça m'a couché direct.

<u>Aujourd'hui, pourquoi tu consommes ? Qu'est-ce que tu recherches dans la weed ?</u>

Déjà, je ne fume pas des spliffs chargés comme les Ricains dans les clips. Je ne sais pas comment les mecs tiennent en fumant des purs comme ça. Moi, on va dire que ce sont des roulées aromatisées à la ganja. À une époque, je fumais plus qu'aujourd'hui et je roulais des grands spliffs, j'avais un porte-cigarette, je faisais des triples lattes dessus. Mais c'est fini aujourd'hui, je me suis calmé. Et ce que ça me procure…

[réfléchit]

Si je ne fume pas de la journée, je suis trop excité, je suis une pile électrique. Et même en fumant, ça ne m'arrête pas. Mais celui dont je ne pourrais vraiment pas me passer, c'est le spliff du soir.

<u>Quand on fume toute la journée, ce n'est pas un joint parmi d'autres ?</u>

Il est plus chargé. C'est celui qui te fait dormir. Chaque spliff a son importance.

<u>Et son rituel ?</u>

Je n'ai pas de rituel. Mais ça rythme mes journées, ça, je ne vais pas m'en cacher.

<u>Est-ce qu'il y a des moments ou des périodes où tu vis mal ta consommation ? Car le cannabis a aussi ses démons…</u>

Ça ne se passe pas “bien” ou “mal”, c'est juste que ça fait partie de moi. C'est sûr que si je ne fume pas pendant toute une journée, ça va me hanter. Mais je vais trouver une solution : un truc planqué ou un copain qui dépanne.

<u>Pourtant, tu nous disais avoir réduit ta consommation. C'était volontaire ?</u>

C'était pour des raisons financières. Et parce qu'avec des spliffs trop chargés, après tu te poses devant la télé et tu dors. En fait, c'est simple : je mangeais, je me roulais un gros spliff et après c'était canapé direct. Tu es là et tu comates. Tu te relèves, t'as faim. Tu manges, tu fumes, tu refumes, tu resiestes. Ouais, ça me calait trop, ça me donnait trop faim.

Justement, qu'est-ce que tu manges quand tu as ce qu'on appelle la foncedalle ou les *munchies*, cette faim déclenchée par le cannabis ?

Moi, j'évite de grignoter l'après-midi, je maîtrise très bien ma faim. **Mais je conseillerais de ne pas s'éclater le bide avec du Nutella, des brioches… Mangez des viennoiseries plutôt que des gâteaux industriels. Ou mieux : mangez des fruits !**

Des bananes par exemple ?

[rires]

Je mange deux bananes par jour ! Je kiffe la banane. Ça va bien avec la banane.

On compare souvent ta dégaine à celle de Hunter S. Thompson, qui était un notoire amateur de substances. Tu cites aussi souvent le film *Wayne's World*[3] parmi tes premières influences. Tout ça, ça fait plus ou moins partie de la culture stoner. C'est une culture qui te parle ?

Ce qui m'attire, c'est les oufs ! Les mecs un peu guedins. *Wayne's World*, c'est des oufs. J'aimais beaucoup *Jackass* aussi, je regardais à mort. C'est eux qui m'ont donné envie de tout fracasser. Steve-O, je suis fan, c'était le plus fou de la bande.

3. Comédie américaine réalisée par Penelope Spheeris en 1992.

Est-ce que tu fumes quand tu cuisines ?

Chez moi, oui ! Au-dessus des casseroles, à l'ancienne. J'ai mon spliff posé à côté de moi, je vais fumer 2-3 lattes. Mais au taff, pas du tout. Faut que je reste sérieux.

Ça peut t'inspirer, te donner envie d'expérimenter des choses aux fourneaux ?

Moi je suis inspiré en permanence ! J'ai pas besoin de fumer pour m'inspirer. Avec la weed, il n'y a rien qui me vient. Ça accompagne. Jamais je n'ai allumé un spliff et là, paf ! Une idée de génie.

Toi le gourmet, comment reconnais-tu une bonne herbe ? Est-ce qu'on le sait dès la première taffe ?

Déjà, ça va être à l'ouverture. Si ça craque bien, si ça se découpe bien, tu sens tout de suite la qualité arriver. Ensuite, tu as l'apparence et l'odeur. Donc déjà à la texture, à la gueule, tu peux savoir si c'est une bonne weed.

C'est comme en cuisine finalement?

C'est comme en cuisine. Tu manges avec les yeux et après tu manges en vrai !

[rires]

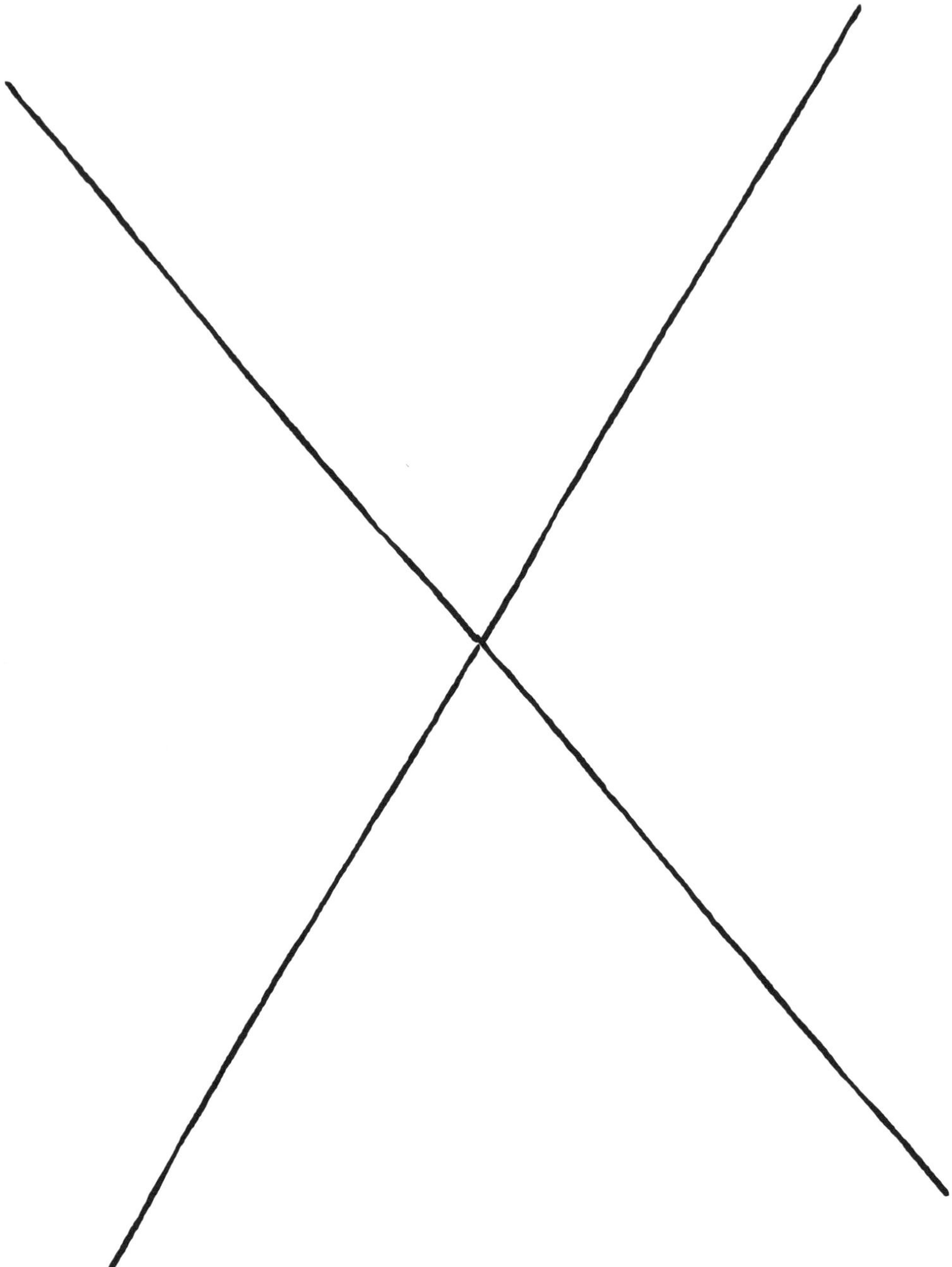

HIGH & FINES HERBES : ET BON APPÉTIT BIEN SÛR !

LES *MUNCHIES*, EN FRANÇAIS LA “FONCEDALLE” : UN CLASSIQUE ÉPROUVÉ PAR QUICONQUE A UN JOUR TIRÉ SUR UN JOINT. LA WEED, ÇA DONNE FAIM ! SANS PARLER DU CÉLÉBRISSIME SPACE CAKE, LE GÂTEAU AU CANNABIS : UN DESSERT… STUPÉFIANT. MAIS AUJOURD’HUI, LES GOURMANDS SE FONT GOURMETS. LA CUISINE AU CANNABIS SE DÉVELOPPE BIEN AU-DELÀ DE L’ASPECT RÉCRÉATIF, POUR SON EXPLOSION DE SAVEURS ET POUR SES BIENFAITS NUTRITIONNELS. PAS BESOIN DE SE PÉTER LE CRÂNE POUR SE PÉTER LE BIDE !

Commençons par répondre à la question que tout le monde se pose : mais pourquoi donc la bédave donne-t-elle la dalle ? « Le THC est orexigène : il a cette vertu de donner l’appétit », explique le docteur Olivier Bertrand, médecin addictologue spécialiste du cannabis. « Le THC relâche les muscles, notamment ceux de l’estomac qu’il va donc dilater. Cela crée un appel mécanique. Ensuite, le THC agit sur les centres de la satiété, le sentiment de ne plus avoir faim : il va bloquer cette satiété, donc on va manger plus. Pour finir, il agit aussi sur les récepteurs responsables de l’effet antinauséeux, ce qui contribue aussi à augmenter l’appétit. »[1]

Mais des fameuses *munchies* provoquées par le THC à la cuisine au chanvre[2] sans effet psychotrope, il y a un fossé que Jérémie, cofondateur du foodtruck Paris Munchies avec le chef japonais Shô, n’a pas hésité à franchir. « C’est toujours intéressant de travailler un produit qui n’est pas encore utilisé en cuisine. Tu as tout à créer et tu peux développer quelque chose que tu n’as jamais fait avant.

1. *Podcast* Banana Kush *#7, 6 juin 2019.*
2. *Nom donné aux variétés de cannabis qui ne contiennent pas de THC.*

Le space cake, c'est trop restreint. »[3] Grâce aux terpènes qu'il contient, le chanvre est un nouveau territoire gustatif à explorer, un bouquet de saveurs inédites. Les terpènes, ce sont des molécules présentes dans les plantes, qui sont responsables de leur arôme et de leur goût. C'est ce qui va donner aux fleurs de cannabis une dominante de mangue, de citron… ou de banane ! Le chanvre contient plus de 100 terpènes différents, c'est dire la gamme offerte aux cuistots en herbe. On peut citer le mycrène qui parfume d'un fumet terreux et épicé, le limonène qui donne une saveur agrumes, le linalol à la subtile touche florale… Tous ces terpènes sont plus ou moins présents dans les différentes variétés de chanvre.

Concrètement, comment fait-on pour parfumer son plat ? En utilisant la gamme de produits légaux au chanvre, dont la plupart se trouvent désormais en grande surface ou en épicerie bio ! L'huile de chanvre relèvera une salade ou un saumon confit. Les graines de la plante permettront de texturiser un plat. Et un *smoke gun* de souffler de la fumée de cannabis sur sa préparation, pour jouer avec les odeurs et les vapeurs.

D'autant plus que le cannabis présente de nombreux bienfaits nutritionnels. Les graines de chanvre sont extrêmement riches en protéines, acides gras, oméga-3 et oméga-6, vitamine E, potassium, magnésium, zinc… Bref, le chanvre est un superaliment au même titre que le chia ou les baies de goji. Sans parler des variétés concentrées en CBD ! Cuisiner au CBD apportera tout les bienfaits connus de ce cannabinoïde[4] : décontractant, anti-inflammatoire, anxiolytique, antioxydant… Pour toutes ces raisons, de grands chefs se mettent à expérimenter la cuisine au chanvre et au CBD. Le

3. *Podcast Banana Kush #7, 6 juin 2019.*
4. *Voir focus « THC, CBD et autres cannabinoïdes : les molécules élémentaires », p. 177.*

grand pâtissier star Philippe Conticini a par exemple créé en 2020 le “Cirrus”, un gâteau au CBD : « En intégrant du CBD dans ma pâtisserie, j’ai d’abord et avant tout cherché à exploiter le goût herbacé de ce produit. Je trouvais intéressant d’explorer ces notes aromatiques d’herbe, particulièrement intenses, et l’amertume qui en découle, pour associer le tout à des agrumes. Si, par ailleurs, on peut ressentir, une ou deux heures après avoir dégusté ce gâteau, une sensation de bien-être, d’apaisement et de relaxation, alors tant mieux ![5] »

Quant aux aventuriers de l’illégalité, ils pourront agrémenter avec prudence[6] leurs créations d’une touche de THC, pour un voyage culinaire en apesanteur… ou pour s’ouvrir l’appétit.

5. *« Cirrus : le gâteau au CBD de la Maison Philippe Conticini × FrenchFarm.ac », Newsweed.fr, 14 décembre 2020.*
6. *Voir focus « Edibles, vaporisateurs… : pas de fumée sans beuh ? », p. 161.*

QUE SERAIT RIMBAUD SANS LE HASCHICH ?

FRÉDÉRIC BEIGBEDER

FAUT-IL ENCORE PRÉSENTER FRÉDÉRIC BEIGBEDER ? ÉCRIVAIN, CHRONIQUEUR, CRITIQUE LITTÉRAIRE, FONDATEUR DU PRIX DE FLORE… ON LUI DOIT DES LIVRES COMME *MÉMOIRES D'UN JEUNE HOMME DÉRANGÉ*, *99 FRANCS*, *UN ROMAN FRANÇAIS*… DES FILMS AUSSI, COMME *L'AMOUR DURE TROIS ANS*, ADAPTATION DE SON ROMAN ÉPONYME. L'HOMME N'A JAMAIS FAIT MYSTÈRE DE SES AFFINITÉS AVEC CERTAINES DROGUES : ELLES SONT LARGEMENT PRÉSENTES DANS SON ŒUVRE, DE LA COCAÏNE À L'ECSTASY. MAIS IL Y A UNE SUBSTANCE SUR LAQUELLE ON L'A TRÈS RAREMENT ENTENDU, ET C'EST PILE CELLE QUI NOUS INTÉRESSE : LE CANNABIS. ON A RETROUVÉ FRÉDÉRIC BEIGBEDER DANS LE RESTAURANT DE SON HÔTEL PARISIEN PRÉFÉRÉ, LE GRAND AMOUR. IL A COMMANDÉ UN ŒUF MOLLET ET ON A TAILLÉ LE BOUT DE GRAS EN PARLANT BOUQUINS, CLUB DES HASHISCHINS ET BOURGEOIS ÉPICURIENS.

Bonjour Frédéric Beigbeder.

Bonjour !

On commence par la question rituelle : quel fumeur de cannabis êtes-vous, Frédéric Beigbeder ?

Un non-fumeur ! Je ne fume même pas de cigarette. À l'adolescence, quand j'essayais de tirer sur un joint, j'étais tout de suite ridicule. J'avais des quintes de toux absolument épouvantables et tout le monde se marrait et se moquait de moi, donc je n'ai jamais basculé dans cette pratique. Ce n'est pas le cas d'autres produits qui sont entrés dans ma vie et mon œuvre. Dans les années 1980, c'était plutôt la mode de l'ecstasy, de la cocaïne. Maintenant, ça s'appelle la MDMA. Dans le dernier roman, je parle de la kétamine qui est très à la mode, mais c'est vrai que je ne suis pas un grand spécialiste du cannabis. Alors, tout de même, je m'étais aperçu dans cette période – vers mes 18-19 ans – que l'herbe pure fumée dans une pipe, ça passait. Je ne toussais pas. C'était le seul moyen que j'avais trouvé pour consommer du cannabis. J'avais acheté la pipe à Amsterdam, une pipe avec une grille très fine. Et donc j'inhalais de l'herbe pure. Je ne sais pas si vous imaginez l'effet que ça peut faire !

[rires]

J'étais immédiatement explosé de rire et mort de faim, finissant les biscuits mous de mes placards. J'ai aussi remarqué un effet assez érotique, aphrodisiaque. C'est peut-être la drogue la plus saine que je n'ai jamais goûtée pour ces raisons-là. J'ai complètement arrêté parce que fumer dans une pipe de l'herbe pure, c'est quand même très fort. Ça dure longtemps, ensuite on est très fatigué. On devient un peu paranoïaque parfois. Et j'ai eu cette phase où je pouvais regarder la télévision pendant des heures en trouvant tout très intéressant. Je me souviens d'une déformation temporelle : cinq minutes duraient une heure. Et puis tout d'un coup, il est 6 heures du matin et on n'a fait que regarder des conneries à la télévision. Donc j'ai un souvenir plutôt positif mais je ne suis plus du tout adepte. Et je n'ai jamais vraiment aimé le shit.

<u>Toujours de l'herbe donc ?</u>

Toujours de l'herbe. L'idée que ça pousse comme ça, que c'est une plante, je trouve ça assez joli. Et ça vient dans un sac qui sent très bon. Et puis j'oubliais un détail : à l'époque, je ne sais pas si ça existe toujours, c'était la mode d'aller à Amsterdam, dans les coffee shops. On pouvait acheter de l'herbe mais aussi des space cakes, des gâteaux au haschich. Et alors ça, je crois que c'est une des drogues les plus fortes que je n'ai jamais goûtées ! C'est presque du niveau des champignons hallucinogènes que j'ai essayés aussi, à la même période, à Amsterdam. Je me souviens de voyages en groupe où on était clairement des narcotouristes ! On prenait une chambre d'hôtel, on entrait dans un coffee shop et puis 48 heures plus tard, on était dans le train du retour. Sans trop savoir ce qui s'était passé entre les deux. En fait, j'ai des non-souvenirs d'Amsterdam ! Le narcotourisme est une forme étrange d'amnésie.

[rires]

<u>C'était quand la dernière fois que vous avez consommé du cannabis ?</u>

Je n'ai pas dû pratiquer depuis plus de 20 ans.

<u>Vous avez fait votre scolarité dans de grands lycées parisiens, dans les années 1980. Est-ce que le cannabis était présent autour de vous ?</u>

Plus à Montaigne qu'à Louis-le-Grand ! J'étais à Louis-le-Grand au lycée et au collège à Montaigne. Louis-le-Grand était vraiment un lycée de permiers de la classe, très fayot, très sérieux, très sage. Mais le collège Montaigne avait mauvaise réputation. Il y avait beaucoup de jeunes de Saint-Germain-des-Prés, de milieu très bourgeois, mais aussi certains plus voyous, un peu plus bandits. Et les parents s'inquiétaient. Et effectivement, dans les boums, ça circulait un peu – c'était autour de l'élection de François Mitterrand, j'avais 15 ans. Et puis ensuite, j'ai fait Sciences Po et là, ça commençait à devenir un peu décadent… Pas autant qu'aujourd'hui, mais oui ça se lâchait un peu et j'ai commencé à organiser des fêtes. Ça s'appelait le Caca's Club.

Le Club des analphabètes cons mais attachants ! Une fête de bourgeois décadents où on pouvait croiser aussi bien Édouard Baer que… Jean-François Copé !

Oui et Ariel Wizman[1], Emmanuel de Brantes[2]… Un noyau composé de fils à papa, mais avec beaucoup d'artistes qui venaient aux soirées : des gens du cinéma, des écrivains… Ça a duré dix ans, de 1984 à 1994. Enfin, c'était *grosso modo* des BCBG qui se roulaient par terre !

[rires]

Et qui se roulaient des joints aussi ?

On faisait des soirées costumées donc évidemment ça buvait beaucoup ! Mais pas tellement de drogues. Mes souvenirs de pétard sont plus liés à des voyages, à des week-ends dans des maisons de campagne. Des choses comme ça. Pas tellement dans les fêtes, peut-être tout simplement parce que c'était vraiment très interdit et très tabou dans ces années-là. C'était encore quelque chose d'assez grave ! Aujourd'hui, quelqu'un qui allume un pétard au resto, on ne va presque pas l'emmerder. À l'époque, il fallait se cacher. Il y en a certainement qui devaient fumer mais je ne le savais pas. Mais je ne pense pas que le cannabis soit une drogue de boîte de nuit. Et il faut bien dire, les années 1980 et 1990 ont plus vu l'arrivée d'une poudre blanche dans les boîtes de nuit. C'était la naissance de la techno, de la house music… On parlait plus de cocaïne et d'ecstasy. Je ne crois pas dans ma vie avoir vu des gens fumer des pétards dans une discothèque !

1. *Journaliste, DJ, animateur de radio et de télévision.*
2. *Galeriste, journaliste et chroniqueur culturel français.*

Puisqu'on parle de ce milieu de la bourgeoisie parisienne… C'est un milieu dans lequel on consomme autant qu'ailleurs. Et pourtant, sur la question du cannabis, les banlieues populaires sont montrées du doigt.

Vous savez, j'ai rencontré Emmanuel Macron à l'Élysée et je lui ai posé la question : « Quand-est-ce que vous allez légaliser le cannabis ? » Il avait un discours très prohibitionniste, qui n'a pas changé en France depuis 60 ans. Il n'est pas du tout ouvert à la légalisation. Ça m'a un peu surpris. Mais je ne sais plus pourquoi je me vantais d'avoir parlé au président de la République !

[rires]

À propos de politique, en 2006, vous avez signé *L'Appel du 18 joint*, qui est un manifeste pour la légalisation du cannabis, relancé chaque 18 juin par l'association le CIRC[3]. À quel moment dans votre parcours vous êtes-vous convaincu qu'il fallait légaliser le cannabis ?

Mais moi, je vais plus loin ! Je suis pour la légalisation de toutes les drogues, même les plus dures. Je crois tout simplement que ça démantèlerait le trafic, les mafias, que ces milliards de dollars pourraient être gérés par l'État, financer le ministère de la Santé et permettre de contrôler la qualité des produits. Ce serait une preuve de maturité que de faire ça. De dire : « Les drogués sont des gens qui ne vont pas bien, il faut s'occuper d'eux. Au lieu de les rejeter dans la clandestinité, il faut les aider à s'en sortir. » Ça permettrait de gérer cette question-là de manière plus saine. Plutôt que d'acheter des produits coupés, de mauvaise qualité, à des

3. Le Collectif d'information et de recherche cannabique, fondé en 1991.

gens qui se cachent dans le noir, qui sont violents et dangereux. J'ai ce point de vue qui n'a pas changé depuis des décennies. Mais visiblement, mon idée n'est pas encore prête d'être mise en pratique.

Vous étiez un peu en avance parce que c'est un discours qui se fait de plus en plus entendre dans les médias… En 2006, ça devait être un point de vue encore très original.

D'ailleurs *L'Appel du 18 joint*, le fait que je signe cette pétition, avait été assez mal vu dans ma famille ! Je me souviens d'avoir eu des conversations avec mes parents. De toute façon, à chaque fois que j'ai signé une pétition, j'ai eu des problèmes !

[rires]

J'ai ce point de vue un peu libertaire sur toutes les questions, et ça m'attire des ennuis à chaque fois.

La légalisation du cannabis, on en parle de plus en plus depuis que des pays étrangers ont décidé de légaliser. Un grand nombre de pays occidentaux tendent aujourd'hui vers une forme de légalisation ou au moins de dépénalisation… En France, le ministre de l'Intérieur Gérald Darmanin a clos le sujet en affirmant que « la drogue, c'est de la merde »[4]. Comment lisez-vous cette situation ?

Je ne comprends pas ! On est d'accord que c'est de la merde, comme l'alcool, la cigarette ! C'est toujours la même idée d'un État hygiéniste qui serait la nounou des citoyens, qui voudrait les protéger contre leur propre tentation autodestructrice. Ce n'est

4. *Gérald Darmanin et Marlène Schiappa, « La France est malade de son insécurité », Le Parisien, 6 septembre 2020.*

pas la mission de l'État de me protéger de mes démons. Il y a des malheurs qui ne disparaîtront jamais, qui sont liés au désespoir de l'être humain, à la misère sexuelle, à l'angoisse contemporaine, existentielle… Parfois, on a besoin d'un produit pour fuir ses problèmes. Ça n'est pas une bonne nouvelle, mais il vaut mieux l'organiser sainement, de manière contrôlée, surveillée. Je suis pessimiste, en fait. Darmanin est optimiste. Il pense que l'Homme est perfectible, que la morale triomphera et que les gens, un jour, arrêteront de prendre du cannabis grâce aux arrestations de la police. Mais si c'était vrai, depuis le temps que c'est interdit et que la police y travaille, ça serait réglé ! Le problème n'est toujours pas réglé, il est même loin de l'être. Et quand on voit que quelque chose ne marche pas, il faut essayer autre chose. C'est tout ce que je dis.

Peut-être que Gérald Darmanin est optimiste. Peut-être aussi qu'il veut se montrer ferme sur la question pour flatter un certain électorat.

C'est simple : le point de vue prohibitionniste est puritain. C'est un point de vue moral et non pas un point de vue empirique.

On avait aussi envie de vous parler de littérature, Frédéric Beigbeder. À l'époque où vous fumiez votre petite pipe d'herbe pure, vous avez déjà tenté d'écrire en même temps ?

Pas du tout ! C'est très compliqué de se concentrer avec ce produit. D'ailleurs, c'est mauvais d'écrire avec toutes les drogues. On est persuadé d'être génial et on répète la même phrase indéfiniment en se croyant un grand génie.

Vous avez essayé d'écrire sous substances : ça a donné les *Nouvelles sous ecstasy*[5].

Ça m'a amené à une modification de la ponctuation. L'ecstasy, ça fait qu'on se pose des tas de questions, alors j'ai écrit une nouvelle entière qui ne contenait que des questions. Et dans une autre nouvelle, chaque phrase était liée à la suivante par deux points : une phrase entraînant la phrase suivante : qui entraîne la phrase suivante : qui entraîne la phrase suivante… Donc voilà, l'ecstasy change la ponctuation !

[rires]

Mais je m'en tiens plutôt à la règle d'Hemingway : un peu de vin blanc, de bière pour se désinhiber. On est moins timide, moins angoissé par la page blanche. Mais surtout, disait-il : « Se relire sobre ! » C'est tout ce que je conseille.

Pourtant, certains poètes ont beaucoup écrit sous influence…

L'expérimentation sur le langage à travers les psychotropes, c'est toute l'histoire de la poésie au XIXe siècle ! Est-ce qu'on aurait eu une poésie comme celle de Rimbaud sans le haschich ? Les *Illuminations* sont des textes écrits sous influence, clairement. Ou même *Les Fleurs du mal* de Baudelaire ! Et jusqu'à Henri Michaux, qui lui utilisait la mescaline. Quand on les étudie en classe de troisième ou de seconde, les enfants, on leur dit tout sauf ça, évidemment ! On se garde bien de leur dire la vérité. Ce sont des écrivains qui ont voulu changer la littérature par des produits qui les emmenaient dans des voyages intérieurs. Et ça a quand même

5. *Gallimard, 1999.*

influencé tout le XXe siècle ! Les surréalistes, les dadaïstes, tout ça… Mais bon, maintenant, on est un siècle plus tard, ce n'est pas la peine de croire qu'on va devenir Rimbaud en fumant un pétard !

Est-ce que vous avez des conseils de lecture ? Quelles sont les plus belles pages que vous avez lues sur le sujet ?

Les Paradis artificiels parce que c'est presque comme un manuel, un guide pratique où Charles Baudelaire décrit les effets de différents produits. Et c'est très, très bien écrit. Mais dans *Les Fleurs du mal*, il y a aussi des poèmes qui ont été écrits au Club des Hashischins, dans cet hôtel particulier où se réunissaient Baudelaire, Alexandre Dumas, Théophile Gautier et d'autres encore.

C'est quoi ce Club des Hashischins ?

C'était un peu un cercle des poètes défoncés !

[rires]

Qui se tenait au milieu du XIXe, sur l'île Saint-Louis à Paris, dans un lieu qui existe toujours, l'hôtel de Lauzun[6]. Le truc qui est drôle, c'est qu'ils ne fumaient pas à l'époque. Ils mangeaient une confiture verte. C'était une confiture de haschich.

Space jam !

[rires]

C'est ça ! Ça se présentait comme de l'absinthe, avec cette couleur

6. *À l'époque, hôtel Pimodan.*

verte, gélatineuse. Ils mangeaient des cuillères entières de ça et ils planaient complètement. La révolution syntaxique et grammaticale de la fin XIXe vient clairement de cette confiture. Peut-être même que l'impressionnisme a aussi été influencé par des substances ! C'est assez paradoxal d'être dans un pays aussi fier de sa littérature, et en même temps d'interdire le produit qui a inspiré toute la poésie du XIXe siècle. On est dans le paradoxe complet. Il y a une hypocrisie, une tartufferie absolue de la France face à son histoire littéraire. Voilà, c'est un secret d'État.

[rires]

Et si on dépasse les frontières françaises, est-ce que vous voyez d'autres poètes, auteurs ou autrices qui ont eu une relation avec le cannabis ?

Il y a la Beat Generation[7] aux États-Unis. La distinction, c'est que les poètes français du XIXe siècle utilisaient le cannabis pour imaginer une nouvelle forme de langage. Alors que la Beat Generation le voit comme une alternative à la société de consommation, à la vie capitaliste et bourgeoise, au petit pavillon avec la voiture devant, à la famille nucléaire avec femmes et enfants, à la publicité… Ils se révoltent, et la drogue devient non pas un moyen de changer le langage, mais une façon de vivre. Encore que chez Kerouac, il y a une poésie bebop[8] qui est clairement inspirée par le cannabis et l'alcool… Mais en fait, c'est surtout un mode de vie alternatif. Ils font le rêve de vivre autrement, ça engendre ensuite le mouvement hippie et toute la culture rock qui suit. Tout ça, c'est né avec

7. *Mouvement littéraire et artistique né dans les années 1950 sous l'influence de Jack Kerouac, William Burroughs et Allen Ginsberg.*
8. *Sous-genre de jazz américain au tempo très rapide.*

le cannabis. Cette plante a beaucoup modifié la vie artistique et culturelle occidentale.

Alors que c'est au départ plutôt une plante orientale.

C'est vrai et il y a eu toute cette tradition du voyage en Orient au XIXe siècle. Flaubert est parti en Orient, c'était un peu le fantasme des Européens. Et les écrivains américains dont je parle sont tous allés s'installer à Tanger pendant une période où ils étaient très proches des récoltes.

À la source !

[rires]

Avant de vous quitter, Frédéric Beigbeder, revenons à aujourd'hui. Vous êtes un homme rangé : vous avez quitté Paris, vous avez arrêté les excès, les drogues dures, vous vous êtes installé dans le Pays basque…

Pardon de vous interrompre mais s'il y a bien un endroit qui n'est pas rangé, c'est bien le Pays basque.

[rires]

Et vous êtes père de famille ! La drogue, c'est un sujet que vous avez abordé ou que vous avez prévu d'aborder avec vos enfants ?

J'ai une fille qui a 21 ans, donc elle est quand même largement exposée à tout ça ! J'essaye de lui faire part de mon expérience. Lui dire les dangers, les risques qu'elle encourt, les tentations auxquelles il vaut mieux résister. J'espère que le fait d'avoir un papa qui est passé par là peut l'aider à être préservée. Mais ce qui est dingue, c'est que quand on est très libertaire comme moi et qu'on devient père de famille, tout à coup, on devient super réac !

[rires]

<u>Si vous voyez votre fille fumer un joint, vous lui dites quoi ?</u>

Je ne l'ai jamais vue mais je sais qu'elle l'a fait. Elle a fait comme moi ce voyage en Hollande avec ses copines ! C'est normal, c'est des phases par lesquelles on doit tous passer, mais j'ai l'impression qu'elle a les pieds sur terre et qu'elle sait à quoi s'en tenir. Les enfants, je crois que le plus important c'est de leur dire qu'on les aime, tout simplement, qu'on est là pour eux, parce que c'est ça qui les empêche de basculer dans les excès. Les excès viennent souvent d'un manque de confiance en soi, de l'impression de ne pas avoir été aimé ou de vouloir à tout prix séduire… Ceux qui arrivent à gérer les drogues, c'est probablement parce que leurs parents leur ont dit cette phrase toute bête : « Je t'aime. » Si on a entendu cette phrase dans son enfance, on est quand même à l'abri, je crois.

<u>Vous, vous aviez un manque de confiance en vous qui vous a poussé vers les expérimentations ?</u>

Peut-être que j'ai eu cette impression… Je raconte un peu ça dans *Un roman français*[9] . Je me fais arrêter par la police en plein rail de coke sur un capot de voiture. Je me retrouve en garde à vue et là, je me demande « mais qu'est-ce que je fous là ? ». Et effectivement, c'est aussi un livre sur le divorce de mes parents. Une histoire de secret familial, de non-dits… J'ai été déstabilisé

9. Grasset, 2009.

par le désamour de mes parents, par leur séparation brutale, non dite, non expliquée. Il faut vraiment expliquer le plus possible aux enfants, tout leur dire de manière sincère et transparente, parce que sinon ils se racontent une histoire fausse et peut-être qu'ils finiront en garde à vue.

[rires]

SEXE & CANNABIS : PRENDRE SON PIED

FRÉDÉRIC BEIGBEDER, LAURA FELPIN, BOOMBASS, JOK'AIR… LE COMBO SEXE ET CANNABIS N'EST PAS LOIN DE FAIRE L'UNANIMITÉ ! POURTANT, LE COCKTAIL N'A RIEN D'ÉVIDENT. RÉPUTÉE POUR RENDRE FLEMMARD, MOU, VOIRE IMPOTENT ET IMPUISSANT, LA WEED N'EST PAS ASSOCIÉE À LA PERFORMANCE SEXUELLE. MAIS C'EST PEUT-ÊTRE BIEN LÀ SON POUVOIR MAGIQUE : UNE APPROCHE SENSORIELLE, SENSUELLE DE L'ÉROTISME ET DU RAPPORT AU CORPS. QUI NE CONVIENT PAS FORCÉMENT À TOUS, MAIS QUI PEUT PROMETTRE UN GROS KIFF.

Est-ce que fumer du cannabis pour faire l'amour, c'est faire du *chemsex* ?[1] Pour Emma, 35 ans, qui pratique occasionnellement, la réponse est clairement non : « J'ai l'impression que c'est le contraire. Le *chemsex*, c'est de la performance. » La jeune femme fabrique des produits intimes au cannabis qu'elle revend autour d'elle : « La pratique qu'on peut avoir avec mon baume au THC est décorrélée de l'idée de performance. Ça crée plutôt des conditions favorables au *slow sex*. Ça n'empêche pas d'avoir des orgasmes très forts, plus forts ! Mais c'est presque une conséquence hasardeuse de l'ambiance et de l'approche sensorielle. »[2]

Relaxant, antistress, le cannabis altère les perceptions, rend plus sensible au toucher et peut ainsi faciliter l'orgasme. Chez certaines femmes, il peut apaiser d'éventuelles douleurs vaginales… mais chez les hommes, c'est l'érection qui peut s'évaporer ! Pas de panique :

1. *Pratique extrême consistant à pratiquer le sexe (souvent à plusieurs) sous l'emprise de drogues de synthèse.*
2. *Podcast* Banana Kush *#11, 22 septembre 2020.*

c'est peut-être l'occasion d'explorer d'autres sensations, de se réinventer.

Si la beuh semble une bénédiction au pieu en particulier chez les femmes, c'est aussi pour des raisons sociales et politiques : « Le cannabis a des effets beaucoup plus positifs chez les femmes, parce que dans les couples hétérosexuels, elles supportent en général ce qu'on appelle la charge mentale. La femme doit porter plusieurs casquettes, jouer plusieurs rôles en permanence : penser à son travail, aux courses, aux rendez-vous des enfants… Le cannabis peut les aider à se relaxer, à être dans le moment présent »[3], note Audrey Epars, sexologue et addictologue. Le cannabis, partenaire officiel de la révolution sexuelle féministe.

3. *Idem.*

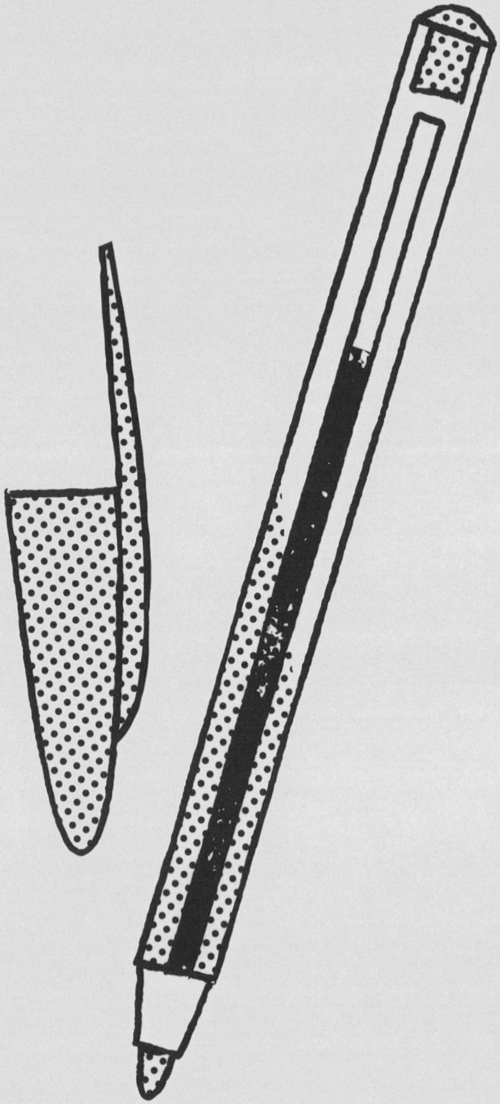

DEPUIS
QUE JE SUIS
ABSTINENT,
JE SUIS
BEAUCOUP PLUS
AU CONTACT DE
MES ÉMOTIONS.

JOHANN
ZARCA

JOHANN ZARCA ENTRE DANS LE *LITTERATURE GAME* EN 2017, LORSQU'IL REÇOIT LE PRIX DE FLORE POUR SON ROMAN *PANAME UNDERGROUND*[1]. MAIS ÇA FAIT DÉJÀ QUELQUES ANNÉES QUE L'ÉCRIVAIN DES BAS-FONDS DÉPLOIE SA PLUME. D'ABORD SUR SON BLOG, *LE MEC DE L'UNDERGROUND*, ALTER EGO À LA GOUAILLE GRINÇANTE ET À L'ARGOT CHANTANT, PUIS DANS PLUSIEURS ROMANS QUI ONT EN COMMUN DES HISTOIRES TRASH ET TOUTES SORTES DE SUBSTANCES PLUS OU MOINS LICITES. DEPUIS, IL A SORTI *CHEMS*, PLONGÉE DANS LE MILIEU DU *CHEMSEX*, PRATIQUE SEXUELLE EXTRÊME ET DANGEREUSE, À BASE DE PARTOUZES ET DE DROGUES DE SYNTHÈSE. ON A RENCONTRÉ JOHANN ZARCA DEUX FOIS : EN 2018, POUR LE TOUT PREMIER ÉPISODE DU PODCAST *BANANA KUSH*, ET EN 2021, ALORS QU'ON PRÉPARE CE LIVRE. HISTOIRE DE PRENDRE DES NOUVELLES.

2018

Bonjour Johann Zarca.

Bonjour.

Toi qui est si friand d'argot, de langue de la rue, c'est quoi ton mot préféré pour désigner le cannabis ?

Je dirais le "pilon". Je trouve ça sympa et en fait, je vais au plus simple. Le pilon et la weed.

Dans *Paname Underground*, tu utilises beaucoup le mot pilon, mais ce n'est pas le seul… En argot, le vocabulaire autour du cannabis est très riche et assez imaginatif. C'est une source d'inspiration pour

1. *Éditions Goutte d'Or, 2017.*

toi quand tu écris ?

Une source d'inspiration, non. Mais c'est une matière. J'écris sur des univers où la came tourne beaucoup, et toutes sortes de came. Ça ne m'inspire pas, ça fait partie du décor.

Dans tes livres on croise des dealers, des drogués, des *potheads* comme on appelle en anglais les fumeurs de cannabis… Qu'est-ce qui t'attire, qu'est-ce qui t'attendrit dans ces personnages-là ?

Déjà, j'en ai beaucoup autour de moi, et je fais avec ce que j'ai autour de moi. C'est aussi de la matière. Mais c'est vrai que j'ai une obsession pour la came. C'est quand même quelque chose qui me suit. Je suis ancien consommateur depuis peu. Ça fait un mois, même pas. Donc j'en parle beaucoup.

Dans *Paname Underground* tu écris : « Slim me file son joint, je le rallume et tire deux énormes barres dessus. Y a pas à chier, le chichon de Belleville[2] est sans conteste le meilleur de Paname. Ça change de celui de Barbès[3], coupé au pneu et à la daube de chameau. » Dans cet extrait, on sent le connaisseur. Tu disais que tu as été consommateur. Donc ce n'est pas de la pure fiction ?

Non, non. Ça, ce n'est pas de la pure fiction. Celui de Barbès, voilà, je le déconseille !

[rires]

2. Quartier populaire du XXe arrondissement de Paris.

3. Quartier populaire du XVIIIe arrondissement de Paris.

Quand est-ce que tu as commencé à fumer du cannabis ? Tu te souviens de ton tout premier joint ?

Ouais, très bien. J'avais 14 ans. C'était le collège. C'était avec des potes et c'était une très sale soirée ! On a fumé ça, on était morts de rire. J'étais dans des embrouilles avec des mecs sur qui je suis tombé ce soir-là, ça s'est très, très mal passé. Mais avant ça, le moment du bédo était formidable. Une crise de fou rire assez incroyable.

Le fou rire du pétard, c'est un truc que l'on recherche mais qui se perd vite si on consomme régulièrement…

Ah ouais, complètement. C'est vrai. Ça fait marrer mais après on le perd. Je ne sais pas pourquoi d'ailleurs, c'est dommage.

Comment a évolué ta consommation après ce premier joint ?

Au début, c'est une transgression. Une façon de se trouver une identité. Et puis tu te mets avec des potes qui transgressent aussi, voilà. Tu fumes un peu de pilon pour t'affirmer. Tu commences la cigarette de la même façon. Sauf qu'à un moment donné, tu te mets vraiment à kiffer ça. Donc ça devient un automatisme, un truc que tu kiffes. Je fumais beaucoup – on va dire, cinq, dix joints par jour pendant de longues années. Ça me calmait. J'ai toujours été assez speed et le seul moment où je me posais pour déconnecter, c'était en fumant. Après, j'ai changé de came et ça n'était pas compatible avec le joint. Donc c'est devenu plus occasionnel. Et les dernières fois que j'ai fumé, c'était pour me donner faim. Deux-trois fois par semaine. Comme je suis un peu un dalleux, j'aime avoir faim pour me défoncer le bide. Et donc vraiment, c'était pour apprécier plus. Je sais que c'est étrange mais c'est le cas. Récemment, je suis devenu asthmatique, avec de l'apnée du sommeil, des bronchites chroniques… C'est ça qui m'a fait arrêter le pét et la clope. C'est le corps qui m'a stoppé, dans tout plein d'excès d'ailleurs, pas que celui-là.

Donc ton dernier joint, c'était il y a un mois ?

Oui, c'était à Barcelone, dans un cannabis club.

À quoi ressemble ta nouvelle vie de non-fumeur ? Après des années en apnée à fumer cinq pétards par jour ?

Ça va, parce que j'ai diminué progressivement. Je me suis d'abord remis à cloper, ça compensait. Maintenant je me suis mis à la vape. J'ai vu qu'ils faisaient des trucs au CBD. Et puis je compense sur d'autres choses quoi, je fais plus de sport… Je me suis "désundergroundisé", on va dire !

[rires]

Tu as arrêté pour des raisons de santé, mais est-ce que le cannabis avait d'autres effets négatifs dans ta vie ?

Non, non, ça ne m'a pas traumatisé. En général, je suis un mec heureux !

[rires]

Bon, c'est vrai qu'au lycée, ça a été concomitant avec une plongée des notes catastrophique. Ça te rend branleur quand même. Et il y a quand même des trucs assez bizarres, des petites paranos que j'ai développées, mais bon, ça va. Je ne l'ai pas trop mal vécu.

Toi qui es écrivain, écrire avec un joint à la main, ça fait partie de tes expériences ?

Oui, je l'ai fait pendant très longtemps. Mes premiers romans, je les ai écrits avec un joint à la bouche. Comme d'autres auraient un thé posé juste à côté. Un petit kiff. Une façon de faire des pauses : tu écris, tu tires deux taffes, tu reposes ton truc. Je ne sais pas si ça aide à l'écriture… ça ralentit mais ça ne m'a jamais empêché d'écrire.

Dans *Paname Underground*, tu nous offres une belle scène de fumette : « La tête posée sur mon poitrail, la reusse tire une taffe sur le pilon. Une boulette me tombe sur le torse, je bondis dans le plumard et, du revers de la main, balaye la comète encore fumante. - Désolée Zarca ! s'excuse Dina. - T'inquiète ! Je la serre contre moi et lui taxe le bédo, me garnis les éponges et recrache un nuage de fumée épais suivi d'un rond un peu foireux. Perso, je chillerais bien une éternité dans ce pieu, en compagnie de ma petite. » Est-ce qu'à une certaine époque, même si ce n'est plus le cas aujourd'hui, ça représentait pour toi une certaine idée du paradis ?

Maintenant que tu me le dis, ouais ! C'est cool. Avec ta meuf et un pilon, en love, un joint. Ouais, c'est une bonne vision du paradis. Mais ce n'est pas qu'une scène de fumette !

[rires]

Puisque tu en parles… le sexe et le cannabis, ça va bien ensemble ?

Ça ne mange pas de pain, mais non, je ne crois pas. Je crois que ça ne sert à rien. Ça ne me transcende pas. Il y a d'autres trucs qui sont faits pour le sexe, beaucoup plus que le canna.

2021

Salut Zarca ! Comment ça va depuis la dernière fois ?

Écoute, il s'est passé beaucoup de choses ! Quand on s'est parlé en 2018, je prenais encore des produits qui modifient le comportement, j'ai rapidement repris le bédo et plein d'autres trucs. J'ai longtemps essayé de contrôler ma consommation, en remplaçant un produit par un autre, en faisant des breaks, du sport… Mais au bout d'un moment, je n'y arrivais plus. La seule solution était d'inverser radicalement mon style de vie. J'ai décidé d'être totalement abstinent. Je le suis depuis le 29 août 2019 : ni alcool ni bédo ni même aucun médoc qui a des effets secondaires. Même le CBD je n'y touche pas ! C'est un changement total de paradigme. Et une énorme fierté, c'est pas rien.

Ça a été quoi le déclic ?

L'année qui a suivi notre interview a été hardcore, j'ai plongé à fond et pas que dans la weed… Le truc qui m'a fait vriller, c'est toutes les maladies liées à mon hygiène de vie. Je passais la moitié de l'année au pieu. Le joint, j'ai toujours aimé ça, donc ce n'est pas de gaité de cœur que j'ai arrêté ! Et puis je me suis vu perdre le contrôle de ma vie : l'oseille, le taff, les relations, la parano, la déchéance physique… Je me suis beaucoup isolé socialement. Alors je n'ai pas attendu de toucher le fond pour tout arrêter. Le changement total de mode de life fait que ça ne me manque pas. Ça m'évite d'être avec mon vide.

Est-ce qu'il y a une drogue en particulier qui te posait problème ? Ou tu les mets toutes au même niveau ?

Je ne fais pas de différence entre la weed et les drogues dures. Pour toutes, tu peux être modéré ou tomber dedans. Il y a des personnalités comme la mienne qui n'arrivent pas à se modérer. Aujourd'hui, je suis super impliqué dans des assos qui aident les dépendants, et je vois bien que la problématique, c'est la dépendance plus que le produit. Certains, leur vie est ken juste avec le bédo. C'est plutôt une question de personnalité.

Tu es heureux dans ta nouvelle vie d'abstinent ?

Je suis beaucoup plus en contact avec mes émotions, ce qui est à la fois l'avantage et l'inconvénient. Je peux être super ému comme super anxieux, mais je ressens les choses beaucoup plus fortement. Je me suis aussi éloigné de tout ce qui peut, d'une façon ou d'une autre, me ramener à la came : les réseaux sociaux, la malbouffe… Je sortais beaucoup avant, et en devenant abstinent j'ai perdu la moitié des gens que je fréquentais. Pas parce que je les ai tej, mais l'inverse : j'intéresse beaucoup moins les gens, je suis moins invité, j'ai ressenti un vrai désintérêt… Surtout quand tu es un personnage un peu public, on s'intéresse plus à toi quand tu te fais du mal que quand tu te fais du bien. Mais il y a des avantages : c'est un pari à long terme, j'ai plus de tranquillité, plus de liens forts. Je m'entoure beaucoup d'autres abstinents.

Est-ce que la drogue a disparu de tes écrits en même temps qu'elle a disparu de ta vie ?

Pour l'instant, ça n'a pas changé mon écriture ! Je viens de finir un bouquin avec un personnage qui se défonce la race. Je ne vais pas m'inventer que j'en ai rien à foutre de tout ça. Je travaille toujours sur des persos tourmentés, addicts… C'est un exutoire, un truc qui est là et dont j'ai besoin de parler. Je ne vais pas tarder à écrire un bouquin sur le rétablissement et l'arrêt, mais toujours avec des personnages tourmentés. Aux États-Unis, c'est un véritable milieu, il y a une culture des groupes d'entraide. En France, l'école des addictologues, c'est des cachetons. Les gens ne sont pas abstinents, ils passent de la dépendance à la came à une pharmacodépendance.

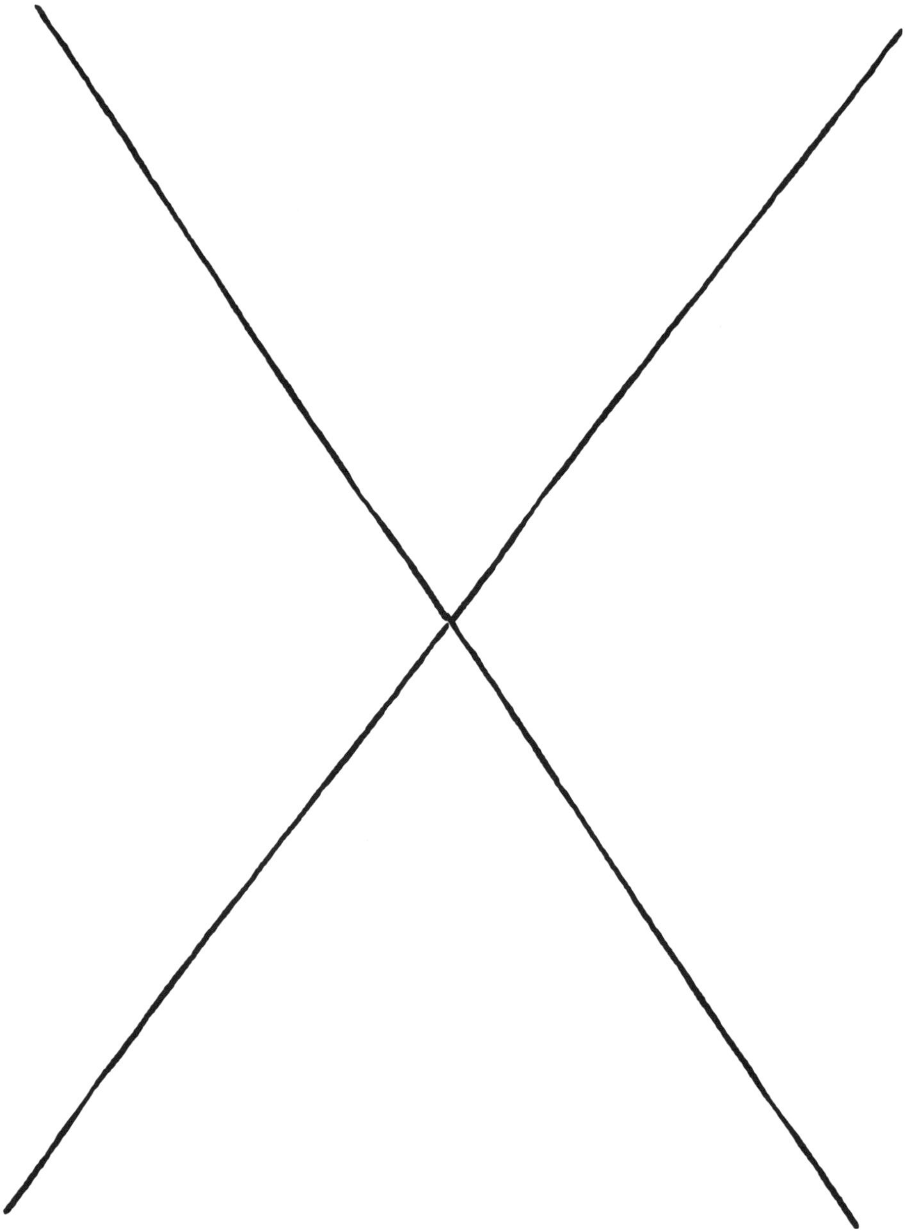

ADDICTION & ABSTINENCE : DEPUIS QUE J'FUME ~~PLUS D'SHIT~~

LES EX-FUMEURS DE CANNABIS : QUI SONT-ILS ? QUE FONT-ILS ? QUELS SONT LEURS RÉSEAUX ? SI LE CANNABIS N'EST PAS LA SUBSTANCE LA PLUS ADDICTIVE, ÇA NE VEUT PAS DIRE POUR AUTANT QU'IL N'Y A PAS DE CONSOMMATIONS PROBLÉMATIQUES. NOTAMMENT CHEZ LES PLUS JEUNES QUI PEUVENT AVOIR DU MAL À MAÎTRISER LEUR CONSO, À CONCILIER BOULOT ET BÉDO. COMMENT PORTER UN REGARD RESPONSABLE MAIS PAS MORALISATEUR ? COMMENT LEUR PARLER SANS DRAMATISER NI BANALISER ? ON A DEMANDÉ L'AVIS DE JEAN-PIERRE COUTERON, PSYCHOLOGUE CLINICIEN QUI ACCOMPAGNE AU QUOTIDIEN DES ADOLESCENTS ACCROS À LA BEUH :

« On considère que le cannabis n'est pas la drogue la plus addictive sur un plan physiologique. Selon les études, 15 à 30 % des consommateurs réguliers peuvent avoir un manque quand ils arrêtent – c'est moins que l'alcool. Disons que le cannabis est dans l'axe médian-bas de la dépendance. Tout consommateur de cannabis ne deviendra pas automatiquement, par essence, dépendant. Et d'ailleurs, on pourrait dire ça pour toutes les drogues, la définition même de l'addiction est compliquée. Un psychiatre qui s'appelle Goodman[1] a donné une grande définition historique : c'est quelqu'un qui perd, dans un processus progressif, le contrôle d'un objet vers lequel il est allé pour une certaine fonction. On perd le contrôle, on se dit qu'on devrait arrêter parce que notre consommation commence à avoir des effets néfastes, et alors qu'on le constate, on ne peut plus

1. *Aviel Goodman, « Addiction: définition and implication », British Journal of Addiction, 1990.*

arrêter. Cela dépend de vulnérabilités personnelles plus ou moins fortes : un corps qui répond plus ou moins au produit, une situation de vie…

Ce qui est grave dans la consommation de cannabis, c'est sa précocité et son intensité. Commencer trop jeune et de façon trop systématique, c'est grave parce que ça vient en lieu et place de l'acquisition d'un certain nombre de compétences.

Dans une situation de consommation problématique ou d'addiction, j'ai deux recommandations. La première, c'est que l'important, c'est d'abord réduire les risques. Si on n'a pas envie d'arrêter tout de suite, je peux le comprendre, mais il faut essayer de consommer à moindre risque, d'éviter en plus une facture coûteuse en termes de santé respiratoire. Et la deuxième chose, c'est qu'il y a des moments de la vie où on est plus en état que d'autres pour faire face. Donc quand on se retrouve dans une situation où ça va un peu mieux, qu'on a récupéré un peu de dynamisme ou de moyens supplémentaires, ça peut être intéressant d'essayer de rendre sa consommation un peu moins problématique. On regarde toujours les histoires d'addiction par des photos à l'instant T, et on oublie la définition de Goodman : ce sont des étapes de vie.

Moi-même, j'ai eu des moments où je n'étais pas bien. Je n'ai pas toujours été un professionnel, j'ai été un usager. Heureusement, on ne se résume pas à ça. On peut perdre pied, puis reprendre pied. Et je ne vois pas de problème à ce que des personnes choisissent d'avoir tel ou tel rapport avec tel ou tel produit, pour obtenir tel ou tel plaisir. Chaque plaisir a une facture, il faut le savoir. Mais le non-plaisir a aussi une facture. Il faut aussi le savoir. »[2]

---

2. Podcast Banana Kush *#8, 4 juillet 2019.*

LES PARTISANS DE LA PROHIBITION SONT DES ~~FAUX-CULS~~.

BENOÎT HAMON

EN 2017, POUR L'ÉLECTION PRÉSIDENTIELLE, LE PARTI SOCIALISTE ORGANISE UNE PRIMAIRE OUVERTE ET C'EST L'OUTSIDER BENOÎT HAMON QUI L'EMPORTE FACE À L'ANCIEN PREMIER MINISTRE MANUEL VALLS. DANS SON PROGRAMME RÉSOLUMENT ORIENTÉ À GAUCHE, UNE PROPOSITION MARQUE LES ESPRITS : CELLE D'ÉTABLIR UN REVENU UNIVERSEL. ON A DONC TENDANCE À OUBLIER QUE BENOÎT HAMON ÉTAIT AUSSI LE TOUT PREMIER CANDIDAT SOCIALISTE À INSCRIRE LA LÉGALISATION DU CANNABIS DANS SON PROGRAMME. ÇA NE LUI A PAS BEAUCOUP RÉUSSI : 6,4 % DES VOIX AU PREMIER TOUR, PUIS UN EFFONDREMENT DU PS, QU'IL A D'AILLEURS QUITTÉ DANS LA FOULÉE DE L'ÉLECTION. DEPUIS 2017, BENOÎT HAMON S'EST REMIS DE SA DÉFAITE. D'ABORD EN FONDANT SON PROPRE MOUVEMENT POLITIQUE – GÉNÉRATION.S, DONT IL FINIRA PAR S'ÉLOIGNER. AUJOURD'HUI, BENOÎT HAMON S'EST MIS EN RETRAIT DE LA POLITIQUE POUR PRENDRE LA TÊTE DE L'ONG SINGA, QUI TRAVAILLE À CRÉER DU LIEN ENTRE DES RÉFUGIÉS ET LA SOCIÉTÉ QUI LES ACCUEILLE. À L'HEURE OÙ L'ANIMAL POLITIQUE SEMBLE PRENDRE DU RECUL, ON A EU ENVIE D'EXPLORER PLUS EN DÉTAIL SA PENSÉE SUR LA QUESTION DU CANNABIS.

Benoît Hamon, bonjour.

Bonjour.

Une première question pour crever l'abcès : est-ce que vous consommez du cannabis Benoît Hamon ?

Non. Je ne juge pas, mais je préfère les plaisirs lucides.

Est-ce que vous avez déjà essayé ?

J'ai déjà essayé quand j'étais en fac ! Donc il y a très longtemps et j'en ai pas un bon souvenir… Je me suis profondément endormi. Plus tard, j'ai dû fumer deux ou trois lattes par-ci par-là, mais je ne suis pas consommateur.

On a cherché s'il y avait des noms de responsables politiques qui assument consommer ou avoir consommé du cannabis… En France il n'y en a quasiment pas. Donc même si vous étiez consommateur, est-ce que vous pourriez nous le dire, dans votre position ?

Oui, oui, absolument ! Après, à partir du moment où la consommation de cannabis est illégale, je peux comprendre que ceux qui font la loi ne puissent pas le dire. Ce qui montre l'hypocrisie complète de ce système : on sait parfaitement que le cannabis a un usage généralisé, en tout cas démocratisé, et pour autant on maintient des interdits qui reposent uniquement sur une approche morale. Ce qui est bien et ce qui est mal. Ce n'est pas une approche politique. Le cannabis, c'est le seul sujet qui met d'accord les flics et les dealers, parce qu'ils sont tous d'accord pour que ça continue à être prohibé.

En 2017, la légalisation du cannabis figurait dans votre programme. Vous étiez deux candidats à porter cette mesure avec Jean-Luc Mélenchon. À quel moment de votre parcours politique avez-vous été sensibilisé à cette question ?

Il n'y a pas eu de déclic. Mais ce qui est très vite apparu, c'est que la prohibition ne marche pas. Déjà, on ne pénalise pas de la même manière la consommation de cannabis selon les territoires. Si vous êtes dans un endroit où l'on trouve peu de shit, si on vous attrape en train de fumer un pétard, vous pouvez vous retrouver à la gendarmerie. Alors que dans les grandes villes, honnêtement, aujourd'hui, c'est rare que vous vous retrouviez avec les menottes au poignet pour simple consommation de cannabis. Donc la loi ne s'applique pas de la même façon partout. Deuxièmement, la prohibition n'a pas empêché l'augmentation de la consommation. Ce qui montre bien qu'elle n'a aucune espèce d'efficacité. Autre argument, et c'est pour ça que j'ai cheminé vers la légalisation : à partir du moment où c'est illégal, il y a des trafics. Ces trafics engendrent une insécurité dans des territoires où l'économie du cannabis est devenue une économie dominante. Et enfin, il y a une question de santé publique : il vaut mieux, selon moi, savoir qui fume, qui pourrait s'exposer à des pathologies liées à la consommation de cannabis, que de ne pas le savoir. Donc c'est pour toutes ces raisons ! C'est marrant de le dire, mais je pense que la légalisation est la voix de la raison. Le reste relève du fantasme, de la morale. Je suis allé un peu voir comment ça marchait ailleurs et j'essayais d'avancer avec prudence. Je pense que ça reste une voie beaucoup plus sérieuse et raisonnable que la prohibition.

Cet *a priori* moral, vous lui trouvez un lien avec notre culture française ?

En tout cas, il y a en France un rapport à la drogue qui est assez étrange. Il y a des addictions qu'on qualifie facilement de drogues : le cannabis, toutes les drogues dites dures. Et puis il y a des addictions qui ne souffrent pas du même stigma. L'alcool jouit d'une sorte de privilège. Il est extraterritorialisé : il y a le territoire des drogues, et l'alcool est ailleurs. Aussi parce qu'il est lié à l'art de vivre à la française : le verre de vin à table, la chope de bière le cas échéant… Il y a quand même des sénateurs et des députés qui sortent d'un banquet avec leurs copains conseillers départementaux, qui rentrent avec trois grammes d'alcool dans le sang, et qui vont vous expliquer que le cannabis, ce n'est pas bien. On reste dans une société qui dicte ce que sont les bons et les mauvais plaisirs.

Et pour l'instant, le cannabis est jugé comme un mauvais plaisir.

L'argument des prohibitionnistes, c'est aussi qu'en cas de légalisation, les dealers se mettront à vendre d'autres drogues, plus dures…

Vous aurez toujours des dingues qui vous diront : « Mais s'ils n'ont plus le cannabis, ils basculeront sur la cocaïne, sur des opiacés… » Encore faut-il qu'il y ait une clientèle. Tout ça ne marche évidemment pas comme ça. Au Colorado, on a vu que la courbe des violences avait diminué avec la légalisation.

Revenons à la campagne de 2017. Au deuxième tour, vous êtes face à Manuel Valls qui est très clair sur le sujet : il ne faut pas légaliser, il faut garder des interdits dans une société. Comment votre proposition de légaliser le cannabis est-elle reçue au sein de votre propre camp ? On a l'impression que chez les socialistes et plus globalement à gauche, ça a toujours été un sujet qui divise…

La vérité, c'est que beaucoup de partis de gauche considèrent que la légalisation du cannabis, en campagne électorale, c'est un sujet trop secondaire pour prendre le moindre risque. Le calcul électoral de base, c'est : « Je ne vais pas faire hésiter le petit retraité du Perche qui a peur du cannabis mais qui serait intéressé par le reste de ce que je dis. » J'ai été caricaturé comme celui qui voulait non seulement donner un revenu universel à tout le monde – la prime à la fainéantise – mais aussi légaliser le cannabis. Un programme de baba cool, pour faire vite. Mais je vais vous dire : moi, je suis papa. Si demain, mes enfants veulent consommer du cannabis, moi je préfère qu'elles aillent dans un magasin plutôt que d'aller voir je ne sais pas qui, à l'ombre de je ne sais quelle tour, pour y acheter je ne sais quoi.

Il y a aussi la question de la prévention, de la sensibilisation de la jeunesse. Plus le cannabis est tabou et caché, plus c'est difficile d'expliquer aux adolescents, comme on le fait avec l'alcool, que c'est mauvais pour eux.

Vous avez raison. Une vraie politique de santé publique doit informer en toute transparence le consommateur potentiel. Et le faire assez tôt, à l'école, avec des informations sérieuses et rigoureuses, plutôt que de ne communiquer que sur l'interdit.

Il y a quelques années encore, le discours que vous nous tenez aujourd'hui n'existait qu'à gauche. C'est en train de changer. Le maire Les Républicains de Reims, Arnaud Robinet, un élu de droite, a adressé une lettre au Premier ministre pour lui demander d'expérimenter une légalisation du cannabis dans sa ville[1]. Et on a pu lire ces derniers mois dans la presse des tribunes signées par des élus de tout bord qui proposent d'ouvrir le débat. Est-ce le signe que le vent est en train de tourner ?

Je pense que quiconque est confronté aux tragédies du cannabis illicite est amené à réfléchir. Arnaud Robinet, il est maire, il a des quartiers à Reims dans lesquels il y a du trafic de cannabis, des violences liées au deal, et il doit bien voir que ce n'est pas en mettant un dealer en prison qu'on tue le trafic. Tant qu'il y a de la demande, il y aura une offre… c'est la loi du marché.

1. *Lettre adressée à Jean Castex en septembre 2020.*

Que pensez-vous de l'amende forfaitaire entrée en vigueur en septembre 2020, qui permet à la police de verbaliser directement un consommateur de cannabis ?

Les partisans de la répression augmentent la répression sur le consommateur en espérant qu'il consommera moins. Moi je pense que ça n'aura quasiment aucun effet. C'est encore une mesure de faux-culs. Darmanin est le roi des faux-culs.

Quel était le contenu exact de votre proposition sur le cannabis en 2017 ?

J'avais proposé une expérimentation. Sur des territoires qu'on choisit : un territoire rural, un territoire périurbain, un territoire très urbanisé… On travaille avec des médecins, des spécialistes de santé publique, sur les instruments de contrôle sanitaire à mettre en place, notamment sur le suivi des consommateurs à risque. On met en place des instruments d'observation de l'évolution de l'insécurité. On pose des règles d'encadrement du marché, les conditions dans lesquelles on a le droit de cultiver, de vendre. Est-ce qu'il me faut une licence, pas de licence ? Je ne vends que ça ou j'ai le droit de vendre autre chose ? Voilà ce qui se fait aujourd'hui dans le cadre d'une parapharmacie, d'un débit d'alcool ou de tabac. Enfin, on pose des règles de consommation : est-ce que je peux fumer mon pétard partout ? Dans des endroits réservés ? Par exemple, l'ivresse sur la voie publique, c'est interdit. Il faut réfléchir ensemble à toutes ces règles : tout est ouvert, ce n'est pas à un dirigeant politique de dicter à la virgule près comment tout ça va se passer. Une fois que l'expérimentation a eu lieu, qu'on est capables d'observer ce que ça a donné sur ces territoires, on se concerte et on fabrique une loi. Honnêtement, ça prend quoi, un an d'expérimentation – allez, un an et demi. On rédige le rapport : six mois de plus. On rend le rapport et on construit un texte de loi et les décrets qui vont avec pour organiser les filières… Tout ça met un an supplémentaire. On vote le texte. Allez, en trois ans ! Trois ans et demi si ça traîne un peu… Il y aurait du débat, des manifs… bon allez quatre ans. En tout cas, sur un mandat de président, c'est sûr qu'on peut le faire.

Vous pensez que la question du cannabis pourrait s'inviter dans la campagne présidentielle de 2022 ?

Si j'avais été candidat une deuxième fois, je l'aurais défendue pour les mêmes raisons que la première. Les fumeurs de cannabis sont essentialisés : ce ne sont pas des travailleurs, ce sont des drogués, ce sont des parasites… On affuble les gens d'un stigmate qui leur nie toute singularité, toute humanité. C'est un peu la marque de notre époque. Donc dans un moment comme celui-ci où la société se durcit, où les gens ont envie d'en découdre, je pense qu'un tel sujet qui appelle à la raison et à l'intelligence va être compliqué à défendre.

QUAND LA DROITE VIRE AU VERT : RECONFIGURATION DES POSITIONS POLITIQUES

« IL N'Y A QUE LES IMBÉCILES QUI NE CHANGENT PAS D'AVIS ! » C'EST EN CES TERMES QU'ARNAUD ROBINET NOUS A RÉSUMÉ SA POSITION. LE MAIRE DE REIMS N'EST DONC PAS UN IMBÉCILE. SUR LA QUESTION DU CANNABIS, L'ÉLU A FAIT PLUS QUE CHANGER D'AVIS : IL A ÉCRIT UNE LETTRE AU PREMIER MINISTRE POUR LUI DEMANDER D'OUVRIR UN DÉBAT NATIONAL SUR LA LÉGALISATION. ET CE QUI A SURPRIS, C'EST QUE L'ÉLU LOCAL N'EST PAS UN VERT. IL N'EST PAS COMMUNISTE, SOCIALISTE OU MÊME MARCHEUR. NON, IL A ÉTÉ ÉLU SOUS LES COULEURS D'UN PARTI GAULLISTE, CONSERVATEUR ET CLAIREMENT DE DROITE : LES RÉPUBLICAINS (LR). ET LE PIRE, C'EST QU'IL N'EST PAS TOUT SEUL. AUTOUR DE LUI, D'AUTRES MAIRES DE LA DROITE ET DU CENTRE ONT FAIT SAVOIR QU'ILS ÉTAIENT PRÊTS À METTRE LE SUJET DU CANNABIS SUR LA TABLE. MAIS QU'ONT DONC FUMÉ CES CANNAMAIRES DE DROITE ?

Jusqu'ici, les quelques hommes et femmes politiques qui ont souhaité ouvrir le débat du cannabis étaient issus des rangs de la gauche écologiste, libertaire… ou même socialiste, comme Benoît Hamon. Mais depuis 2020, un lent glissement politique est en train de s'opérer en France. Arnaud Robinet, maire de Reims ; Gil Averoux, maire de Châteauroux ; Boris Ravignon, maire de Charleville-Mézières : en septembre 2020, ces trois encartés LR signent ensemble une tribune dans le *Journal du dimanche* pour appeler à la légalisation du cannabis. Un an plus tard, ils sont reçus au ministère de la Santé pour faire valoir leurs arguments.

La volte-face d'Arnaud Robinet s'est opérée au contact du terrain :

« Il y a deux politiques : la nationale et la locale. Les élus locaux sont beaucoup plus pragmatiques, parce qu'ils sont en contact quotidien avec la réalité du terrain : les enjeux de santé, de sécurité, les problèmes des riverains… Les élus nationaux eux, sont sous emprise, non pas du cannabis mais des partis politiques ! » [1]

Jean-Maxence Granier abonde en ce sens. Linguiste et sémiologue, il s'intéresse aux politiques pénales des drogues à travers le monde et l'affirme : « En matière de drogues, il existe une sorte de municipalisme des politiques publiques. La question des drogues s'appréhende, et quelques fois se règle, au niveau municipal. C'est un phénomène mondial. » [2]

Reste que dans leur famille politique, les cannamaires – c'est le surnom que se donnent nos élus LR sur un groupe WhatsApp – restent très isolés. « On a un point commun au-delà d'être élus, c'est que nous sommes jeunes, donc c'est sûrement une question générationnelle. Une semaine après la tribune, 80 parlementaires LR en ont publié une réponse assassine et très caricaturale, expliquant que nous allions finir par légaliser la prostitution. » [3]

Arnaud Robinet est un libéral. Il croit en la responsabilité de chaque citoyen·ne, capable de gérer sa santé tout·e seul·e. « Aux États-Unis, la légalisation a plutôt été portée par une droite libérale, pro-business, qui promeut l'ouverture d'un nouveau marché. En France, quand je discute avec des parlementaires d'En Marche, c'est plutôt l'aile libérale qui est sensible à mon discours. » [4]

---

1. *Podcast* Banana Kush *#25, 21 avril 2021.*
2. *Idem.*
3. *Idem.*
4. *Idem.*

Entre la libéralisation du marché et les problématiques de sécurité, d'ordre public, le cannabis ne serait-il pas finalement un pur sujet de droite ?

MERCI !

CE LIVRE N'AURAIT PAS PU VOIR LE JOUR SANS LA FORCE QUE NOUS A DONNÉ LA COMMUNAUTÉ D'AUDITEURS DU PODCAST *BANANA KUSH*. SA FABRICATION A ÉTÉ PARTIELLEMENT FINANCÉE PAR UN CROWDFUNDING, ET NOUS TENONS À REMERCIER TOUT PARTICULIÈREMENT NOS SOUTIENS DE LA PREMIÈRE HEURE.

CE LIVRE EXISTE GRÂCE À VOUS :

TROUPAUL ♥ LAURÈNE BOUSSÉ ♥ SARAH ♥ PATRICK ARDOIS
MARIE DEBRUS ♥ TI_VTEC ♥ WOBBLESK8 ♥ MÉLISSA L.
FRANÇOIS LE BRAS ♥ CLOÉ SALZINGER ♥ MC ALBAN ♥ TB
ORNELLA DIAZ SUAREZ ♥ CATHY LINA ♥ DROTS ♥ NATWIN
ALEXANDRE BOISLIVEAU ♥ JIMMY REBEL ♥ MATHIS BVN
DON CHEMIST ♥ ERIC PESTRE ♥ IZI CBD ♥ L'GLAUDE
CLÉMENT PROCUREUR ♥ DAVID HAZIZA ♥ BARBARA TRITSCH
MARIE DE MATTEIS ♥ HÉLÈNE LEHMANS & ARTHUR BRES
44 TOURS ♥ KILLIAN COLLET ♥ SUR LA RIVE
CONSULAT DU PAYS BIGOUDEN ♥ AGNÈS FAMA CAMARA
CHRISTOPHE JAVION ♥ PAUL L. ♥ RECORD RECORD
PHILOUSOPHE ♥ ÉLODIE MOREAU ♥ LA KAZ CBD ♥ MAR SEL
VEDRAN KAPETANOVIC ♥ LOÏC BREGNARD ♥ ALIX HASSLER
LUDOVIC PAUCHANT ♥ MARIE-ANGE FARTHOUAT
BENJAMIN-ALEXANDRE JEANROY ♥ SORY DIAKHITE
EVA HETTE ♥ WILLIAM VINATIER ♥ ZIGZAGZIB ♥ RAPHAËL
ANTOINE MORANDI ♥ PHILIPPE FÉRIN ♥ ANTHONY M.
FANNY ♥ 'CULTURE' JAH TOVO ♥ ROSE LABROUSTE

ÉLODIE BLANC ♥ LYES M. ♥ LAURA BOCQUILLON

LUCILE AUSSEL ♥ NADINE GRAVELLE ♥ RENAUD BRIZARD

MAÎTRE SEK (MARTIN) ♥ DOLORES BAKELA ♥ LUTINDUB

PATRICK PAYET ♥ BIROUTE ♥ JULIEN DUBOIS ♥ BOB KAMO

CECILE TCHERKESSOFF ♥ CBD CRASHTEST ♥ PAULINE LALLE

LOÏC SAINT-OMER ♥ CHARLY GIRARD ♥ ANAELLE TOUDIC

SÉBASTIEN BEZIAU ♥ BENOÎT DAVID ♥ PIERRE ALLIROL

ERIC ALIA ♥ SLAVPECKS ♥ JÉRÉMIE MAIRE ♥ REMY LACROIX

BENJAMIN VIROLLE ♥ THOMAS VOIRIN ♥ ALEXANDRE DORY

ANNE DURAND ♥ BENJAMIN GEORJON ♥ JULES HEMET

ALEXIS CRES ♥ MAXIME BERTAULT ♥ RÉGIS COUPRA

MIKAËL CASSEL ♥ CLAIRE DELBET ♥ ERIC AMÉGAN

PHILIPPE PEYRE ♥ SOPHIE MARCHAND ♥ CLAIRE MONNERIE

Merci à tous ceux qui ne sont pas cités mais qui nous suivent et nous soutiennent depuis le début ou qui nous ont rejoints plus récemment.

Un merci tout particulier à Aurélien Bernard pour son aide et sa bienveillance indéfectible depuis le commencement de cette aventure.

Merci à notre réalisatrice Charlène, sans qui notre podcast ne serait que l'ombre sonore de lui-même. Merci à Simon et à son génie créatif qui ont conçu un écrin en or massif pour notre banane. Merci à Emma, Serena et Cloé pour leur précieux travail.

Merci à tou·te·s nos invité·e·s, connu·e·s ou anonymes, spécialistes, usager·e·s, militant·e·s, à toutes celles et tous ceux qui ont accepté de témoigner et de nous aider à informer.

Toutes les interviews présentes dans cet ouvrage ont été retranscrites avec l'aimable autorisation de nos invité·e·s, à partir de leur entretien enregistré et diffusé dans *Banana Kush*, le podcast des cultures du cannabis, produit et diffusé par Nique – La radio.

Tous les épisodes, et plus encore, sont disponibles sur toutes les plateformes et à retrouver par ici : ***http://smarturl.it/BananaKush***

Sébastien Tellier :
Je sais que je m'abîme en fumant, mais j'adore ça.
Interview tirée du podcast *Banana Kush* du 10 février 2021.

Lio :
Les space cakes, c'est ce qu'il y a de mieux pour rigoler.
Interview tirée du podcast *Banana Kush* du 4 avril 2019.

Jok'Air :
Quand tu grandis en cité, fumer c'est tabou.
Interview tirée du podcast *Banana Kush* du 22 décembre 2018.

Boombass :
Je découvre la dark side du pétard.
Interview tirée du podcast *Banana Kush* du 2 juin 2021.

Liliane Rovère :
À 87 ans, un petit pétard oui, mais toujours avec modération.
Interview tirée du podcast *Banana Kush* du 17 décembre 2020.

Mathieu Kassovitz :
Mes dealers sont des connaisseurs.
Interview tirée du podcast *Banana Kush* du 9 novembre 2018.

Jan Kounen :
Le cannabis est une plante-maître, il faut la respecter.
Interview tirée du podcast *Banana Kush* du 7 avril 2021.

Manu Payet :
La beuh fait pleinement partie de notre culture réunionnaise.
Interview tirée du podcast *Banana Kush* du 2 mai 2019.

Monsieur Poulpe :

Les pâtes de fruits au THC ont changé ma vie.

Interview tirée du podcast *Banana Kush* du 2 décembre 2020.

Laura Felpin :

Avec le CBD, on peut chiller sans l'angoisse.

Interview tirée du podcast *Banana Kush* du 7 octobre 2020.

Sébastien Thoen :

En arrêtant de fumer, j'ai retrouvé mes rêves.

Interview tirée du podcast *Banana Kush* du 4 juillet 2019.

Scotch-Man :

La weed, c'est comme la cuisine, tu manges d'abord avec les yeux.

Interview tirée du podcast *Banana Kush* du 6 juin 2019.

Frédéric Beigbeder :

Que serait Rimbaud sans le haschich ?

Interview tirée du podcast *Banana Kush* du 15 septembre 2021.

Johann Zarca :

Je suis beaucoup plus au contact de mes émotions depuis que je suis abstinent.

Interview tirée du podcast *Banana Kush* du 30 octobre 2018.

Benoît Hamon :

Les partisans de la prohibition sont des faux-culs.

Interview tirée du podcast *Banana Kush* du 4 novembre 2020.

Le bouquin que vous tenez entre les mains
est le premier pavé jeté par Nique - Les éditions.

Prolongement du label de podcasts et de la webradio Nique - La radio, le sale gosse de l'édition a pour ambition de fournir des textes qualitatifs, radicaux et pas sages. Nique veut explorer la société dans ses moindres recoins, décortiquer le monde jusque dans ses angles morts et ne considérer aucun sujet comme secondaire ou illégitime. Nique mettra son nez partout où il y a culture.

Cette récolte de 395 grammes, 15 millimètres d'épaisseur, 160 millimètres de large et 200 millimètres de haut (format 16x20, aussi appelé 4.20) a été cultivée à Saint-Ouen (9-3 bébé) puis imprimée sur du papier Coral Book Offset PEFC 90 grammes pour l'intérieur.

La couverture est imprimée sur du Gmund Hanf 320 grammes, composé à 50 % de chanvre. Vous tenez donc entre les mains le premier livre à fumer.

Le jaune de notre banane est un gourmand Pantone Yellow U.

Les textes ont été semés avec la typo ISO du studio Scribble Tone à Portland, Oregon, USA.

Ce pilon au goût prononcé de fruits tropicaux a été achevé d'imprimer en décembre 2021 sur les presses de Corlet à Condé-en-Normandie (1-4) pour le compte de Nique - Les éditions.

La came a été soigneusement conditionnée, diffusée et distribuée par la stupéfiante équipe de dealers de Harmonia Mundi Livres, dont le four est basé au Mas de Vert à Arles (1-3, c'est pas la capitale).

NOTES

PEFC 10-31-1510 / Certifié PEFC / Ce produit est issu de forêts gérées durablement et de sources contrôlées. / pefc-france.org

ISBN : 978-2-493401-00-7
N° d'impression : 21120102
Dépôt légal janvier 2022
Imprimé en France